U0479368

i
imaginist

想象另一种可能

理
想
国
imaginist

历史的教训

[美] 威尔·杜兰特　[美] 阿里尔·杜兰特 著　倪玉平 张闶 译

WILL & ARIEL DURANT

上海三联书店

THE LESSONS OF HISTORY

THE LESSONS OF HISTORY

by Will and Ariel Durant

Copyright © 1968 by Will and Ariel Durant

Copyright renewed © 1996 by Monica Ariel Mihell and Will James Durant Easton

Chinese Simplified Translation copyright © 2024 by Beijing Imaginist Time Culture Co., Ltd.

All Rights Reserved.

Published by arrangement with the original publisher, Simon & Schuster, Inc.

著作权合同登记图字：09-2019-1023

图书在版编目（CIP）数据

历史的教训 /（美）威尔·杜兰特，（美）阿里尔·杜兰特著；倪玉平，张闶译 . -- 上海：上海三联书店，2024.9

ISBN 978-7-5426-6907-0

Ⅰ. ①历… Ⅱ. ①威… ②阿… ③倪…④张… Ⅲ. ①世界史—文化史 Ⅳ. ① K103

中国国家版本馆 CIP 数据核字 (2024) 第 077757 号

历史的教训

[美] 威尔·杜兰特，[美] 阿里尔·杜兰特 著；倪玉平，张闶 译

责任编辑 / 徐建新
特约编辑 / 鄹 峿
内文制作 / 陈基胜
责任校对 / 王凌霄
责任印制 / 姚 军

出版发行 / 上海三联书店
（200041）中国上海市静安区威海路755号30楼
邮　　箱 / sdxsanlian@sina.com
联系电话 / 编辑部：021-22895517
　　　　　 发行部：021-22895559
印　　刷 / 山东韵杰文化科技有限公司

版　　次 / 2024 年 9 月第 1 版
印　　次 / 2024 年 9 月第 1 次印刷
开　　本 / 1092mm×787mm　1/32
字　　数 / 97千字
印　　张 / 6.625
书　　号 / ISBN 978-7-5426-6907-0/K·800
定　　价 / 56.00元

如发现印装质量问题，影响阅读，请与印刷厂联系：0533-8510898

本书由威尔·杜兰特所著的《哲学的故事》《转变》《哲学的乐趣》《历史上的英雄》《历史上伟大的思想》，和《文明的故事》之各册：第一卷《东方的遗产》、第二卷《希腊的生活》、第三卷《恺撒与基督》、第四卷《信仰的时代》、第五卷《文艺复兴》、第六卷《宗教改革》（以上由威尔·杜兰特撰写）、第七卷《理性开始的时代》、第八卷《路易十四时代》、第九卷《伏尔泰时代》、第十卷《卢梭与大革命》和第十一卷《拿破仑时代》，以及《双传记》（以上由威尔·杜兰特、阿里尔·杜兰特合撰）衍生而成。

——约翰·立特（John Little）

目 录

前 言 001

第一章 犹豫 003
第二章 历史与地球 009
第三章 生物学与历史 015
第四章 种族与历史 025
第五章 性格与历史 039
第六章 道德与历史 047
第七章 宗教与历史 057
第八章 经济与历史 073
第九章 社会主义与历史 085
第十章 政府与历史 141

第十一章　历史与战争..................163

第十二章　增长与衰退..................173

第十三章　进步是真的吗？..................189

参考书目..................203

前言

本书需要一个小小的前言。在完成截至 1789 年的《文明的故事》(*The Story of Civilization*) 后，我们抱着出版修订本的态度，重新阅读了第一至第十卷的内容，以便纠正书中的诸多疏漏、事实或印刷错误。在这个过程中，我们记录下了一些事件和评论，这些内容或许会对当今事务、未来可能性、人的本性和国家行为有所启发。(《文明的故事》各卷正文所涉及的参考文献，并不代表就是权威的，而是充当例证或阐释的作用。)我们尝试着直到完成全部叙事之后，再得出结论。但毫无疑问，我们预先形成的观点还是影响到了对论据的选择，本书就是这一选择的结果。它重复了很多我们已经多次表达的以及前人的许多观点。我们的目的并不是追求独创,而是希望包容差异。我们提供的是一种对人类经验的审视,而非对个人的启示。

在此,一如过去那样,女儿艾瑟尔(Ethel)给予我们许多帮助和建议,我们对此非常感谢。

威尔·杜兰特、阿里尔·杜兰特

第一章

犹豫

历史学家的研究在接近尾声时，将会面临这样一个挑战：你们研究的东西究竟有什么用处？你们是否发现你们的工作乐趣只是叙述国家和观念的兴衰以及重新讲述"国王之死的悲惨故事"？你们是否比一个很少读书的街头路人对人类本质的认识更深刻？你们从历史中得出的一些启示能否照亮现实，能否给我们的判断和政策提供指导，能否充当抗拒兴衰变迁的力量？你们从历史长河中重大事件身上发现的规律，能否预示未来的人类行动或国家命运？归根结底，"历史没有任何意义"[1]这句话没有教给我们任何

---

[1] 雷内·塞德诺：《历史没有意义》。

东西。浩瀚无涯的过去是否只是错误的一再上演,而这些错误要注定在未来愈演愈烈,有这种可能吗?

不只是我们会感觉如此,而且还有许多疑虑冲击着我们的进取心。一开始遇到的问题就是,我们真的知道什么是过去,过去真的发生了什么,历史是"无稽之谈"不存在"共识"吗?我们对于过去发生事件的认识,永远是不完整的,很可能还是错误的,因为我们已经被相互矛盾的证据和存有偏见的历史学家所蒙蔽,也有可能被我们的爱国心或宗教偏见所曲解。"绝大部分历史都是猜测,其余部分则是偏见。"[1]即使历史学家认为自己克服了诸如国籍、种族、信仰或阶级等偏见,他对史料选择和遣词造句的细微差别,都会暴露出他的私人偏好。"历史学家总是喜欢过分简单化处理问题,面对错综复杂的灵魂与事件,他们只能匆忙挑选一些易于处理的小部分事实,却从不能真正地拥抱与理解它。"[2]此外,由于变迁的加剧,我们以过去得出的结论来预言未来变得更有风

---

[1] 杜兰特:《东方的遗产》,第12页。
[2] 杜兰特:《信仰的时代》,第979页。

险。1909年，夏尔·佩吉（Charles Péguy）[1]认为："自耶稣基督至今的世界变化，都没有最近30年快。"[2]或者还有一些年轻的物理哲学博士认为，他们的学科自1909年以来的改变，超过了此前有历史记载的任何时期。每一年（有时是在战争情况下），甚至每一月，都有一些新的发明、方法或情况迫使人们对行为和观念做出全新调整。更有甚者，机遇或是自由的因素，似乎会进入金属和人类的行为当中。我们再也不能确信，原子或更小的有机体，还会一如既往地发生我们过去所认为的那种反应。电子，被英国诗人考珀（Cowper）[3]称为上帝，它神秘莫测，其奇妙的表演以及一些怪癖的特点或环境，或许就能打破国家之间的平衡。正如亚历山大[4]的酗酒而死，导致了其新帝国的分崩离析（公元前323年）；或是腓特烈大帝[5]由于俄国继任的沙皇被普鲁士道路冲昏头脑，从而免于灾难（1762年）。

---

[1] 夏尔·佩吉：1873—1914年，法国诗人、散文家和剧作家。——译者注
[2] 雷内·塞德诺：《历史没有意义》，第167页。
[3] 威廉·考珀：1731—1800年，英国诗人。——译者注
[4] 公元前336—前323年在位。——译者注
[5] 1740—1786年在位。——译者注

显而易见，历史编纂不能算是一门科学。它只能算是一项行业、一门艺术和一种哲学——一项搜集史实的行业，一门通过将混乱的材料进行有意义地排列起来的艺术，一种寻求远景和启蒙的哲学。"现在是过去行动的累积，过去是现在理解的展开"[1]——这大约是我们所相信和期望的。就哲学而言，我们试图通过整体来了解部分。就"历史哲学"而言，我们又试图通过过去了解现在。我们知道，这两种情况都是不可能实现的理想，全体视角不过是一种错觉。我们并不知道人类的全部历史，在苏美尔人或埃及人之前，很可能已经就存在过许多文明，我们只不过是刚刚开始进行发掘而已！我们必须从部分知识入手，且必须暂时满足于多种可能性。历史与科学、政治学一样，也适用于相对论的规则，所有的常理都应该受到质疑。"历史嘲笑一切试图强迫将其纳入理论范式和逻辑规范的举动；历史是对普遍化、一般化的大反动，它打破全部规则；历史是个怪胎。"[2] 或许正是因为有

---

1 杜兰特：《宗教改革》，第 viii 页。
2 杜兰特：《理性开始的时代》，第 267 页。

这些限制，我们才能从历史中学到足够多的东西，去耐心地接受现实，并尊重彼此间的谬见。

由于人类只是宇宙时间的一瞬，是地球上的匆匆过客，是其所属种群的一分子，是其所属种族的后裔，是肉身、性格和思想的复合体，是家庭和社会的一员，是某种信仰的支持者或者怀疑者，是某个经济体中的一个单位，或许还是一个国家的公民，一支军队中的士兵，我们可能会在相应的学科题目之下——诸如天文学、地质学、地理学、生物学、人类学、心理学、伦理学、宗教学、经济学、政治学以及战争学——来探询历史必须回答的问题：什么是人性，什么是人类行为的本质，以及人类的前途究竟将会如何？这是一项极其危险的事，只有蠢货才会试图把数百个世纪的历史压缩进100页的书中，并进而得出结论。我们正是这样做的。

第二章

历史与地球

历史具有麻烦的二重性，因此我们可以把历史定义为过去的事件或者记录。人类历史是宇宙空间的短暂一点，而历史给我们的第一个教训就是要学会谦逊。一颗彗星可能会在任何时候飞得过于接近地球，并把我们这个小小的地球搅得天翻地覆，或者让人类及跳蚤在烟雾和热气中窒息；也许微笑着的太阳碎片会呈切线般陨落——正如一些人认为我们这颗行星在一段天文时刻以前所做的那样——以极其狂野的方式冲向我们，终结掉一切悲伤与苦痛。在前进的时候，我们接受了这些可能性，并用帕斯卡的话来反击宇宙："当宇宙压碎人类的时候，人类仍然要比杀死他们的宇宙高贵。因为人类知道自己的生命即将走到尽头，而宇宙却对它自己的胜利一无所知。"[1]

历史受到地质条件的制约。每天，海水都要侵蚀一些陆地，而陆地每天也在侵占海洋；一些城市消失在水下，沉没的大教堂永远敲响忧郁的丧钟。山脉随着生长和侵蚀的节奏隆起或者消退；河流或暴发洪水，或干涸断流，或改变流向；山谷变成荒漠，地峡又变成海峡。透过地质学的眼睛来看，地球表面的所有部分都处在不停流动的状态中，人类在地球上的迁徙流动就如同圣彼得在追逐基督那样变幻莫测。

气候已不再像孟德斯鸠（Montesquieu）和巴克尔（Buckle）所想象的那样严重地控制我们，但它确实对人类有所限制。人类的聪明才智往往是在克服了地理上的不利条件之后才出现的：人类可以在撒哈拉地区灌溉荒漠并安装空调；人类可以夷平和翻越高山，并将丘陵辟为种植葡萄藤的梯田；人类可以建造

---

[1] 布莱士·帕斯卡：《沉思录》，第347页。

浮动城市以穿越海洋，并设计巨型飞行器遨游天空。但是，一场龙卷风就可以在极短时间之内把经营上百年的城市毁灭殆尽；一座冰山就可以把一座水上宫殿推翻或一分为二，并把成千上万个寻欢作乐者送往极乐世界。如果降水变得稀少，文明就会消失于黄沙之下，正如在中亚那样；如果降水非常猛烈，文明就会窒息在雨林之中，正如在中美洲那样。如果在我们所居住的繁荣地区，平均温度上升 20 度，我们很可能将重新堕落至昏睡不醒的蛮荒境地。在亚热带气候下，一个拥有 5 亿人口的国家，人们虽然可能会像蚂蚁一样繁衍，但令人萎靡不振的高温，会导致其不断遭受来自更寒冷地区勇士们的征服。一代又一代的人对地球的掌控能力愈来愈强，但人类注定都会变为土壤中的化石。

地理是历史的母体，是历史的哺育之母和训练基地。水是生命之源，它的河流、湖泊、绿洲和海洋，吸引着移民定居于沿岸，这些地方可以为生命延续和城镇生活提供水源，并为运输和贸易提供廉价的航道。埃及是"尼罗河的礼物"，美索不达米亚在"两河之间"及沿着它们的运河周围建立了连续的文明。印度是印度河、雅鲁藏布江和恒河的女儿；中国也把生命与痛楚归功于大河（像我们一样），这些河流经常偏离自身的河道，在泛滥时滋润附近的土地。意大利因台伯河、亚诺河与波河的河谷而生色。奥地利沿着多瑙河而发展，德意志沿着易北河和莱茵河而成长，法兰西沿着罗纳河、卢瓦尔河和塞纳河而壮大。约旦古城佩特拉和叙利亚古城巴尔米拉则受沙漠中的绿洲滋养。

当希腊人繁衍太快而受到原有边境线的限制时，他们沿着地中海（柏拉图说，"正如围在池塘边的青蛙一样"[1]）、尤克森海或黑海，建立起了殖民地。在长达2000年时间里——从萨拉米海战（公元前480年）至西班牙无敌舰队被击败（1588年）——地中海北部和南部海岸，都是白人在那里占据支配地位。但到了1492年及以后，哥伦布（Columbus）和瓦斯科·达·伽马（Vasco da Gama）的航行刺激了人

---

[1] 柏拉图：《对话录·斐多篇》，第109页。

们去勇敢地面对海洋；地中海人的统治权受到了挑战；热那亚、比萨、佛罗伦萨和威尼斯衰落了；文艺复兴逐渐衰退；大西洋沿岸国家崛起，并最终在大半个世界范围内确立了霸权地位。"帝国采取了西进的政策"，大约在1730年，乔治·贝克莱（George Berkeley）这样写道。它将会继续穿过太平洋，将欧洲和美国的工业、商业技术出口到中国，正如之前传到日本那样吗？东方的丰饶，与最先进的西方技术相结合，会不会导致西方的没落呢？

飞机的发展将会再一次改变文明的版图。沿着河流和海洋的贸易路线将会越来越少；人员和物资将会越来越多地直接涌向目的地。英国和法国这样的国家，将会失去犬牙交错、便捷悠长的海岸线带来的贸易优势；俄国、中国和巴西这样的国家，曾经因为土地过于广袤而阻碍了海岸地区的发展，将会因为空运而消除部分不利条件。沿海城市将会从由轮船至列车，再由列车至轮船的繁琐运输贸易中，获得更少的财富。当制海权最终在商贸和战争领域中让位给制空权的时候，我们将会看到历史上的又一次重大变化。

科学技术的发展，使得地理因素的影响变小了。地形特征和轮廓，或许会为农业、矿业或商业的发展提供机会，但只有富于想象力和首创精神的领导者，以及坚韧勤勉的追随者，才能将可能变为现实；而且只有类似的组合（正如今天的以色列那样），才能克服成千上万的自然险阻，创造出新的文化。是人类，而非地球，创造了文明。

第三章

生物学与历史

　　历史是生物学的一个片段：人类的生命是陆地和海洋生命沧桑变化的一部分。有时，在夏日独自漫步在森林里，我们会看到各种生灵飞翔、跳跃、潜行、蠕动、穴居。我们的到来会让受惊的小动物逃跑，飞鸟四散，鱼儿消失在溪流中。突然我们感到，在这个公平的星球上我们是多么危险的少数。有片刻时候我们又感到，通过这些生物的行为来看，我们是它们自然栖息地的闯入者。人类所有的记录与成就，都谦卑地成为历史，从中可以透视出多彩的生活；我们所有在经济上的竞争，彼此之间的冲突，我们的饥饿、爱情、悲伤与战争，和那些隐藏在倒树、落叶、水中或树枝中，寻找、交配、奋争与痛苦的小生物一样，并无二致。

因此，生物学的法则同样也是历史的基本教训。我们受进化过程和踪迹的支配，也受到生物界弱肉强食、适者生存的考验。如果我们当中有人避免了这种竞争与磨炼，那主要是由于群体保护了我们，但我们的群体自身也必须经受生存的考验。

所以，生物学给历史的第一个教训就是：生命离不开竞争。竞争并不仅仅是交易的生命，而是生命的交易——当食物丰盛时竞争是和平的，当食物紧缺时竞争是暴力的。动物吃掉同类时不会有丝毫愧疚，而文明人消耗他人时则通过法律程序。合作是真实的，并且随着社会发展不断增强，但更重要的原因是，它是竞争的工具或手段。我们在群体中团结合作——家庭、社区、俱乐部、教堂、党团、"种族"或者国家，是为了保持群体竞争力，以便于同其他群体竞争。群体竞争拥有与个体竞争相同的特征：贪得无厌，好勇斗狠，党同伐异，狂妄自大。由我们集合而成的国家，就像我们一样，用醒目的粗体字记下我们的天性，并在更大范围内行善作恶。我们好勇斗狠、贪得无厌、利欲熏心，因为在我们血液中流淌着千万年前的故事，那时我们的祖先为了生存，不得不去追捕、战斗、杀戮，而且由于不知何时才能捕获其他野兽，不得不暴饮暴食。战争是国家间竞争的最高形式。战争促成国家间的合作，只是因为合作是竞争的终极形式。除非各个国家合为一个更大的和更有效的保护性群体，否则国家之间难免因竞争而导致的战争。

生物学给历史的第二个教训是：生命是某种进化和选择。在争夺食物、配偶和权力的过程中，有的个体成功了，有的个体失败了。为生存而战的过程中，有的人在应付生存的各种考验时拥有比其他人更好的禀赋。鉴于"自然"（这里是指全部实体及其演化过程）未曾认真拜读过美国《独立宣言》，以及法国大革命《人权宣言》，所以我们生来就是有差别的：这源于我们受到生理、心理遗传及群体间文化和传统的支配。在健康与体力上，在智力和个性上，"自然"偏爱差异，因为那是选择和进化的必备基础，即使是双胞胎也有无数差异，世界上也不存在完全一样的两颗豌豆。

不平等不仅是自然而天生的，而且还随着文明的复杂化而增长。遗传的不平等导致了社会与人为的不平等；所有的发明或发现都是由杰出人物所为，结果造成强者恒强，弱者恒弱。经济的发展使得社会分工更加专业化，才能的差异使得不同个人对群体的价值亦不相同。如果我们对身边的人有足够的了解，就可知道30%的人的综合素质足以与其他所有人的能力之合相媲美。生命与历史恰恰是这么做的，它们以令人惊讶的不公平精准地运行着，不由得使人想起加尔文（Calvin）的上帝。

"自然"对"乌托邦"式的自由平等联盟报以哂笑，因为自由和平等仿佛是不共戴天的永恒仇人，一方获胜，另一方即会死亡。当人们获得自由时，人与人之间天然存在的不平等几乎就会呈几何式增长，正如19世纪自由主义统治下的英国和美国一样。若要防止不平等的增长，就必然导致牺牲自由。即使受到某些压制,不平等仍然会继续发展。只有经济收入处于平均水平以下的人,才会渴求平等;只有自我感觉才智高超的人,才会渴望自由;最终的结果总是后者得偿所愿。"乌托邦"式的平等是生物学上的灾难,只有最温和的哲学家才会希望法律正义与教育机会均等。只有所有潜在才能都能得到发展的社会,才能在与其他群体竞争时获得生存优势。当远距离的打击强化了国家间的对抗时,这种竞争变得更加激烈。

生物学给历史的第三个教训是:生命必须繁衍。"自然"对不能大量繁殖的有机物、变种或者组织来说,都是毫无意义的。"自然"极其喜爱数量,因为量变是质变的先决条件;"自然"也喜欢从众多挣扎求生的生命当中选取少数幸存者;毫无疑问,她对于成千上万个精子争相游向一个卵子使其受精的竞争,也视为理所应当。与个体相比,"自然"更喜欢群体,她使得文明与野蛮没什么两样。她不介意高出生率通常会导致在文化上变得不那么文明,而低出生率通常又与文化高的文明相伴。同时,她(这里的是指繁衍过程、变异、竞争、选择以及生存等"自然"之道)也乐于看到，低出生率的国家周期性地被更加孔武有力和繁荣昌盛的群体侵略。恺撒统治时期，高卢人通过罗马军团的帮助打退了日耳曼人的进攻；在今天，他们又通过英国和美国的帮助来抵抗他们。当罗马帝国衰亡时，法兰克人从日耳曼涌入，从而建立了高卢法兰西。假如此时英国和美国衰落了，那么法兰西，这个从19世纪以来人口几乎没有增长的国家，或许会再次遭到蹂躏的命运。

如果人类繁衍过快导致食物短缺，"自然"有三个办法使其恢复平衡：饥荒、瘟疫和战争。马尔萨斯（Thomas Malthus）在发表于1798年的名著《人口论》中指出，如果没有这些周期性的事件，人类出生率便会大大超过死亡率，而人口的成倍增长又会使得粮食的增产毫无意义。尽管作者是位心善的牧师，但他依然指出，对穷人的救济导致了他们过早结婚并且无节制地生育，从而使得问题变得更加严重。在1803年的《人口论》再版中，他提议放弃除传宗接代以外的性生活，但他又拒绝其他节育方法。他的这项神圣建议被接受的可能性微乎其微，所以他预测未来人口与食物的平衡仍依赖于饥荒、瘟疫和战争,这与过去别无二致。

19世纪农业及避孕技术的进步,明显地驳斥了马尔萨斯的观点:在英格兰、美国、德国和法国,食物供给与人口增长率同步前行,不断提高的生活水准也延缓了结婚年龄,缩小了家庭规模。消费者的增加同样意味着生产者的增加:新的"人手"开垦了更多土地来生产更多粮食。最近,加拿大和美国出口了成千上万蒲式耳[1]的小麦,而国内也没有发生饥荒,这似乎是给了马尔萨斯一个鲜活的反例。如果现今的农业技术能够在全世界范围应用的话,地球所能够养活的人口,当是现在的两倍。

当然,马尔萨斯或许会说,这种解决方式最多只能延缓灾难而已。土地肥力终究是有限的;再先进的农业技术也迟早会被过高的出生率抵消;与此同时,医疗、卫生事业和慈善事业的发展,也会让那些体弱

---

[1] 蒲式耳:计量单位,1蒲式耳在英国等于8加仑,相当于36.268升(公制);在美国相当于35.238升(公制)。——译者注

之人生息繁衍,从而导致优胜劣汰的目的付诸东流。对于这一点,有些人可能会这样回答:工业化和城市化的进步,教育和生活水准的提高,会使那些饱受高生育率威胁的国家因此而降低生育率,就像在欧洲和北美已经发生过的那样。在生产和再生产达到平衡之前,传播避孕的知识和方法,都只能是基于人道立场的劝导。人类的传宗接代,应当是人的正常权利,而不是性爱冲动一时的副产品。

是否有证据表明,节育不利于优生——那些实行计划生育的国家,是否降低了国家整体的智力水平?假定知识分子实施节育的比重高于普通民众,那么这些文化人的苦心,在每一代人中都会很明显地被盲目的生育所抵消。但需要指出的是,被我们称为知识分子的人,大多数也是个体教育、独特机遇和不同经历的产物,没有证据表明,这些高智商是通过基因遗传而来的。即使是博士的儿子,也必须接受教育,并从少不更事所犯的谬误、教条、主义中成长,接受青春期麻疹的洗礼;我们也不能说,贫困潦倒的穷人,他们的基因一定没有潜能和过人之处。有人认为,从生物学的立场来看，在生育方面，生理上的健康可能比智力上的优越更有价值；尼采（Nietzsche）就认为，德国最优秀的血液流淌在农民的血管里；从种族繁衍的角度来看，哲学家并不是最适合结婚生子的。

家庭节育曾在希腊和罗马的历史上起过一些影响。我们惊奇地发现，恺撒（Julius Caesar）于公元前59年给罗马那些子女众多的家庭颁奖，并且禁止没有孩子的女人搭乘轿子和佩戴珠宝饰物。而奥古斯都（Augustus）大约在40年之后，又重中了这项法令，只不过似乎没发挥什么作用。在意大利上层社会，推广节育仍持续进行，与此同时，来自北日耳曼、希腊以及犹太人的移民充斥意大利，填补并改变了意大利人口结构。[1] 极有可能的是，种族结构的改变，削弱了居住者抵抗政府不作为和外部攻击的能力和意愿。

在美国，盎格鲁—撒克逊人较低的出生率，已经降低了他们在经济上和政治上的地位；而罗马天主

---

1 杜兰特：《恺撒与基督》，第193、223、666页。

教家庭的高出生率，则导致到 2000 年的时候，罗马天主教会将在美国联邦政府和州政府、市政府中拥有决定性力量。类似的过程也发生在法国、瑞士和德国的天主教徒身上；伏尔泰（Voltaire）、加尔文和路德 (Luther) 的故乡，有可能很快就重回罗马教皇的怀抱。所以，出生率和战争一样，可以决定基督教的命运；如同 732 年，穆斯林在图尔战争中的失败，使得法国和西班牙得以继续信仰《圣经》，而不是《古兰经》。因此，优越的组织、教规、道德、忠诚及天主教徒的高出生率，有可能抵消新教改革和法国启蒙运动的影响。历史真是再幽默不过了。

第四章

种族与历史

世界上大约有 20 亿有色人种和大约 9 亿白色人种。但是，当约瑟夫·阿瑟·戈尔诺伯爵（Comte Joseph-Arthur de Gobineau）[1]于 1853 年至 1855 年间出版《人类种族的不平等》（*Essai Surlinegalité Races Humaines*）一书，很多白人看到后欣喜若狂。因为他在书中宣称不同种族之间在身体构造、心智能力和性格品质等方面存在本质差异（就像每个人都不同一样）；有一种族，即"雅利安人"，是经上天选

---

[1] 约瑟夫·阿瑟·戈尔诺：1816—1882 年，法国外交官、作家、人种学者和社会思想家，提倡种族决定论之说，对后来在西欧发展起来的种族主义理论及其实践活动曾产生巨大影响。——译者注

择的最高贵种族：

> 在这个星球上，人类所完成的任何伟大、高贵或辉煌的工作，比如在科学、艺术、文明等领域，都是源自一个单一的起点，都是由一个胚种发展而成的……这粒种子只属于一个家庭所有，它不同的分支已经统治了宇宙中所有的文明国家……历史已经表明，所有的文明都源自白种人，如果没有白种人的帮助，将没有人会生存下来。一个伟大和智慧的社会，只不过是因为它维持了创造这种文明的种族的高贵血统。[1]

自然环境的优越条件（正如戈尔诺所强调的）并不能解释文明的兴起，因为相同的自然环境（举例来说，比如河流冲积而成的肥沃土壤）哺育了埃及和近东的文明，但是在北美洲的印第安人那里却未诞生出任何文明，尽管他们也生活在各大河沿岸的肥沃土地之上。文明也不是由制度产生的，因为在各种不同的

---

[1] J. A. 戈尔诺：《人类种族的不平等》，第210页。

制度下,甚至是极端相反的制度下,都曾诞生过文明,正如"专制"下的埃及和"民主"下的雅典一样。文明的兴起、成功、衰落和消失,与人类种族的固有特质有关系。一个文明的退化,正如词语"degeneration"自身所指出的那样——是基因、血统或种族偏离了远来的轨道。"民族退化的唯一原因,就是由于他们经历了各种复杂血统的融合。"[1]这种情况通常是有活力的种族与其被征服者之间通婚造成的。因此,那些在美国和加拿大的白人(他们未曾与印第安人通婚)就与那些在拉丁美洲的白人(他们与印第安人通婚)有差异。那些衰弱无力的混血人,会谈论种族平等,或是认为"四海之内皆兄弟"[2]。凡是具有强悍风格的民族和个人,都有种族意识,并且本能地不愿同自身族群之外的人通婚。

1899年,休斯顿·斯图尔特·张伯伦(Houston

---

[1] 同前,第211页。
[2] 同前,第36—37页。

Stewart Chamberlain)[1]，一个定居在德国的英国人，出版了《19世纪的基础》(*Die Grundlagen des neunzehnten Jabrbunderts*)一书，该书把始创民族的范围由雅利安人缩小到条顿人身上。他说："真正的历史，是德国人用其铁腕获取古代传统之时开始的。"但丁(Dante)的脸型给了张伯伦强烈冲击，被他认为是典型的德国人形象；他认为自己清晰地听到了圣保罗(St. Paul)致迦拉太(Galatians)信中的德国语调；尽管他并不十分确定耶稣是德国人，但他对这一看法还是很有自信："任何宣称耶稣是犹太人的人，要么是愚昧无知，要么就是不诚实。"[2] 德国作家出于礼貌，以至于不能反驳自己的客人[3]：特赖奇克(Treitschke)[4]和伯恩哈迪(Bernhardi)[5]认为德国是最伟大的现代

---

[1] 休斯顿·斯图尔特·张伯伦：1855—1927年，生活在德国的英国裔政治哲学家、自然科学家及瓦格纳传记作家。他也是种族主义理论家，创作的《19世纪的基础》是后来纳粹种族政策的重要文献来源。——译者注

[2] A. J. 托德：《社会进步理论》，第276页。

[3] 指张伯伦。——译者注

[4] 特赖奇克：1834—1896年，德国历史学家、政论家，普鲁士学派成员之一。——译者注

[5] 伯恩哈迪：1849—1930年，普鲁士将军与军事历史学家。——译者注

民族；瓦格纳（Wagner）[1] 把这套理论应用到了音乐上；阿尔弗莱德·罗森伯格（Alfred Rosenberg）让德国人的血液和土地都激荡起"20世纪的神话"；而阿道夫·希特勒（Adolf Hitler），基于这一偏见，更是鼓动德国人去屠杀一个民族，并试图征服欧洲。

一个美国人麦迪逊·格兰特（Madison Grant）[2]，在其著作《即将逝去的伟大种族》（1916年出版）中，把人类文明的成就限定在雅利安人的一支中，他称之为"北欧人"——斯堪的纳维亚人、黑海北岸的塞西亚人、波罗的海沿岸的日耳曼人、英吉利人和盎格鲁-撒克逊美国人。北方冬季极端寒冷，这些金发碧眼的"乡巴佬"横扫俄罗斯和巴尔干半岛，进入到南部地区昏睡懒惰的民族居住之地，经历一系列的征服之后，开启了有文字可考历史的序幕。按照格兰特的说法，"Sacae"（塞西亚人？）征服了印度，把梵文

---

[1] 瓦格纳：1813—1883年，德国歌剧家、作曲家。——译者注
[2] 麦迪逊·格兰特：1865—1937年，美国优生学家、种族主义者，他的著作深刻地影响了美国的移民政策，也为希特勒的理论提供了支持。——译者注

发展为"印欧语系"的一种，他们还建立了种姓制度，以杜绝他们与本地落后血统种族通婚带来的衰弱退化。西米里族人如潮水般越过高加索山进入波斯，弗里吉亚人进入小亚细亚，亚加亚人和多利安人进入希腊和克里特，翁布里亚人和奥斯坎人进入意大利。在每个地方，北欧人都是冒险者、勇敢的战士和纪律严明的人；他们使喜怒无常、不稳定、懒惰的"地中海"南部民族臣服于自己，或者说是受其奴役。他们与安静而顺从的"阿尔卑斯山"血统的民族通婚，诞生出以伯里克利为最优秀代表的雅典人和共和国时代的罗马人。少数通婚的多利安人后来演变为斯巴达人，这个勇猛的北欧后裔，统治着地中海沿岸的农奴。在阿提卡，通婚却导致北欧人的血统变得衰弱和退化，导致在伯罗奔尼撒战争中雅典人被斯巴达人击败，希腊也被血统更为纯正的北欧人、马其顿人和共和国时代的罗马人所征服。

另一个北欧人肆虐的地区——斯堪的纳维亚和北日耳曼地区——哥特人和汪达尔人征服了罗马帝国；盎格鲁-撒克逊人征服了英格兰，并给它起了一个新

第四章 种族与历史 031

名字（英吉利）；法兰克人征服了高卢，并赋予它法兰西的名字。就在不久之后，北欧血统的诺曼人征服了法兰西、英格兰和西西里岛。北欧血统的伦巴底人带着自己标志性的长胡子进入了意大利，在那里通婚，为米兰和佛罗伦萨注入新的活力，使其进入文艺复兴时期。北欧血统的瓦良格人征服了俄罗斯，并统治到1917年。北欧血统的英国人以美国和澳大利亚为殖民地，征服了印度，并在亚洲每一个重要港口都设立起了他们的前哨站。

格兰特哀叹道，在我们这个时代，这支北欧血统的种族正在逐渐丢掉他们的优势。1789年，他们失去了在法国的立足点。正如卡米尔·德穆兰（Camille Desmoulins）[1]对他的咖啡馆听众所宣传的那样：大革命是土著高卢人（"阿尔卑斯人"）对条顿族法兰克人的反叛，因为后者曾在克洛维王朝和查理曼王朝的统治下征服了前者。十字军东征、三十年战争、拿破仑战争和第一次世界大战，消耗了北欧人的后裔人

---

[1] 卡米尔·德穆兰：1760—1794年，法国记者、政治家，在法国大革命期间扮演重要的角色。——译者注

口，使得他们在欧美阿尔卑斯人和地中海人较高出生率的冲击下相形见绌。格兰特曾预测，到2000年时，北欧人将会失去霸权地位。而随着北欧人的失势，新的蛮族在世界各地崛起，西方文明无论是内涵还是外延都将全面衰败。格兰特明智地承认，虽然地中海沿岸的"种族"在身体耐力方面弱于北欧人和阿尔卑斯人，但在智力和艺术方面则取得了更高成就，他们一定会像希腊和罗马在古典时代那样辉煌绽放；不过，这可能仍要归功于他们和北欧人通婚带来的血统改变。

种族理论的缺陷是显而易见的。中国学者会提醒我们，中国人民在历史上创造出了最为悠久的文明——从公元前2000年到现在，他们涌现了无数的政治家、发明家、艺术家、诗人、科学家、哲学家、圣贤等。墨西哥学者会指出，在哥伦布到达美洲之前，玛雅、阿兹特克和印加文明创造了气魄恢宏的建筑。印度学者尽管承认约在公元前1600年时"雅利安人"曾渗透到印度北部，但他们仍然会强调，印度南部的黑达罗毗荼人，创造了属于自己的伟大建筑家和诗人。马德拉斯、马都拉和特里奇诺波利的庙宇，是世界上最为引人入胜的建筑之一，还有更加令人叹为观止的吴哥窟里高耸入云的神龛——这由高棉人建造。有时候历史就是个色盲，任何肤色的人，其实都可能发展出文明（在任何适宜环境中）。

即使把种族理论限定在白人范围内，也会面临许多难题。闪米特人会把其文明追溯到巴比伦、亚述、叙利亚、巴勒斯坦、腓尼基、迦太基和伊斯兰。犹太人把《圣经》和基督教传播到了欧洲，而且给穆罕默德《古兰经》提供了大部分内容。伊斯兰教徒可以列出一大长串的名单，包括统治者、艺术家、诗人、科学家和哲学家，当西方世界还在黑暗的中世纪摸索时（565—1095年），这些人却征服并统治了从巴格达到科尔多瓦白人世界中的大部地区。

埃及、希腊和罗马的古代文明，毫无疑问是地理机遇与经济、政治发展相结合的产物，而不是基于种族的原因，况且这些文明中的绝大部分都有来自东方的渊源。[1] 希腊的艺术和字母就是从小亚细亚、克里特、腓尼基和埃及那里获取的。在第二个千年[2]，希腊文化是"迈锡尼"文化，部分源自克里特，而克里特文明又很可能是向小亚细亚学习的。当"北欧人"的多利安人经巴尔干半岛而来，到公元前1100年，他们摧毁了原始希腊文化的大部分；只是在经过数世纪的间歇后，历史上的希腊文化才在斯巴达的"来库古"、米利都的泰勒斯、以弗所的赫拉克利特、米蒂里尼岛的莎孚、雅典的梭伦等人的手中浮出水面。从公元前6世纪开始，希腊人沿着地中海的杜拉佐、塔兰托、克罗托纳、雷焦卡拉布里亚、锡腊库扎、那不勒斯、尼斯、摩纳哥、马赛、马拉加等地散布自己的文化。从意大利南部的希腊城市，以及可能是由属于亚洲文化的伊特鲁利亚，演变成了古罗马文明；从罗马又演变为西欧文明；从西欧又演变为南北美的文明。公元3世纪以及接下来的几个世纪中，来自不同族群的凯尔特人、日耳曼人或亚洲人等部落，都曾把意大利夷为废墟，摧毁了古典文明。南方人创造文明，北部人

---

[1] 参见杜兰特：《东方的遗产》，第934—938页。
[2] 公元前20世纪至前10世纪。——译者注

就征服它、毁灭它、借鉴它、传播它：这就是对历史的简要概括。

通过测量大脑与面容或者与体重的关系，企图把文明与种族联系起来的尝试，都是徒劳无功的。非洲黑人没有创造出伟大的文明，很可能是由于气候和地理条件阻碍了他们，那么在相同的环境下，任何白色"人种"就一定能做得更好吗？显而易见的是，在最近100年间，无数美国的黑人在各种职业、艺术和文学方面，都达到了很高的水平，尽管他们经历了太多的社会不公。

种族在历史中扮演的角色，与其说是创造性的，还不如说是初步性的。各种各样的血统，从不同方向，在不同时期，进入了某一地点，他们彼此之间，或者与土著居民之间，在血液、传统和行为方式层面相互融合，就好像通过有性繁殖的方式，使两个不同的基因库交汇到一起一样。像这样的种族融合，经过几个世纪的时间，就可能从中诞生出新的类型，甚至是新的民族；正如凯尔特人、罗马人、盎格鲁-撒克逊人、朱特人、丹麦人和诺曼人融合成为英国人一样。当一个新的人种形成自己独特的文化表现时,他们也就建立起了新的文明——新的外貌、性格、语言、文学、宗教、伦理和艺术。不是种族塑造了文明,而是文明塑造了种族:地理、经济和政治环境创造了文化,而文化又创造了人类形态。与其说是英国人塑造了英国文明,还不如说是英国文明塑造了英国人;如果一个英国人无论身在何处都有英国文明的烙印,即便是在廷巴克图[1]吃晚餐的时候也要穿戴整齐,这就说明不是他重新创造了自己的文明,而是文明控制了他的灵魂。从长时段角度来看,这些传统或类型的差异性,是由环境的影响造成的。北方民族在热带地区居住上几代后,也会具有南方民族的特点;当安逸的南方民族后代跑到北方后,活动和思维的节奏也会加快。

就此而言,美国文明至今仍然处在种族融合的阶段。1700年至1848年间,在佛罗里达以北的白种美国人,主要是盎格鲁-撒克逊人,他们的文学,宛如

---

[1] Timbuktu,西非洲落后的地区。——译者注

在新英格兰土壤中绽放的旧英格兰之花。在1848年美国门户开放后,所有白种血统都受到欢迎;一场新的种族融合开始了,而且在接下来的几个世纪都不会终结。当融合完成后,就是一个新的同质种族形成之时,届时美国会拥有属于自己的语言(它和英语的区别,将如同西班牙语同意大利语的区别一样)、本土的文学和独特的艺术;以上种种变化,已经隐约可见可闻。

"种族"偏见,在原属种族中是有某些基础的,但这也在变化之中,或许已经被后天培养——如语言、衣着、兴趣、道德或宗教而显著改变。或许,文明教化,是医治种族偏见的良药。历史知识会告诉我们:文明是合作的产物,几乎所有民族都对此有所贡献;这是我们共同的遗产和债务;受过教育的心灵,都会善待每位男女,不论他们的地位多么低下,因为每一个人,都对所属种族的文明做出过创造性贡献。

第五章

性格与历史

　　社会不是由理想而是由人性建立的。人性的构成可以改写国家的构成。那么,什么是人性的构成呢?

　　我们或许可以把人性定义为人类最基本的倾向和情感。这种最基本的倾向,我们称之为本能,虽然,我们对这些与生俱来的品质有不少怀疑之处。我们可以通过下面给出的"性格因素表",来对人性进行描述。

　　此项分析,将一个人通常的"天性"(这里指遗传)分为6个积极和6个消极的本能,其作用是保护个人、

性格因素表

本能		习惯		情绪	
积极	消极	积极	消极	积极	消极
行动	睡觉	游戏 工作 好奇 掌控 有思想 创新 艺术	休息 怠惰 冷淡 犹豫 白日梦 模仿 杂乱	轻快 活力 热心 惊奇 专注 决心 美感	疲乏 迟钝 厌倦 多疑 空虚 认命 困惑
迎战	败逃	迎接 竞争 好斗 争雄	隐退 合作 胆怯 屈服	勇猛 对抗 气愤 骄傲	焦虑 友善 恐惧 谦让
获取	回避	吸收 积蓄 富有	抛弃 花费 贫穷	渴望 贪婪 自制力强	厌恶 奢侈 局促不安
合群	隐居	沟通 寻求支持 慷慨	独居 恐惧反对 自私	爱好交际 自负 和善	沉默寡言 害羞 敌视
求偶	拒婚	性欲旺盛 好色	性别错乱 扭捏	性幻想 性爱	性冷淡 节制
亲代抚育	子女依赖	家庭和睦	子女反目	父母关爱	子女怨恨

家庭、群体以及种群。积极的个性是指积极的倾向占据主导地位,但大多数人同时具备了两套本能——勇于面对或者消极逃避(根据心境或环境而定)来自生活中的基本挑战和机遇。每种本能所形成的习惯又都伴随着各种情绪。以上的总和就构成了人性。

但是在历史的长河中,人性又改变了多少呢?从理论上讲,是一定会有所改变的,自然选择基本上注定了要操控心理和生理的变化。然而,就已知的历史来说,人类行为却又并未发生多大的改变。在柏拉图生活的年代,希腊人的行为举止与当代法国人相像,罗马人的行为举止则与英国人类似。生活方式和手段虽然改变了,但动机和目的却仍然是一致的,即:行动或者休息,争取或者放弃,迎战或者回避,合群或者独居,性爱或者排斥,奉献或者厌恶亲代抚育。不同阶级之间,也不会有人性的不同:总的来说,穷人和富人都有本能冲动,只不过穷人没有什么机会,而且技能太差,无法实现他们的本能冲动而已。历史最清晰的例证,就是成者为王,败者为寇。

有历史记录以来，人类演化发展一直是更具社会性而很少生物性方面的：进化不是经由遗传变异，而主要是由于经济、政治、智力和伦理道德的革新，这些革新通过模仿、习俗或教育，传递给个人和代际。群体内的习俗和传统，与物种遗传性质以及个体本能一样，都已经准备好了去适应那些典型和反复出现的复杂情况。当然，新情况的出现，要求物种能够具备新颖和不落窠臼的反应能力。因此，高等生物的发展，需要具备试验和创新的能力——演进和突变中的社会能动关系。社会演化也与风俗的起源相互作用。

杰出人物，比如我们称之为的"伟人"、"英雄"、"天才"——凭借其个人能力，赢得了属于他们的历史地位。他们并不如卡莱尔（Carlyle）[1]所描述的神祇那么玄乎，但他们在其时代和土地上长大，他们是历史事件的产品和象征，同样也是历史事件的经纪人和代言人。若非形势所迫，他们那些新的观念将是不合时宜的，也是不可能实现的。特殊时势更易出现英雄，

---

[1] 托马斯·卡莱尔：1795—1881年，苏格兰哲学家、历史学家和评论家。——译者注

英雄大多是乘势而起，若在承平之时，他可能就会默默无闻。但他也不只是历史事件的结果，而是历史事件通过他或者围绕他而发生，他的想法和决定会在很大程度上影响历史的进程。有时他的口才，就像丘吉尔(Churchill)一样，可能胜敌千万；有时他在战略、战术方面的远见卓识，就像拿破仑（Napoleon）一样，可以所向披靡，赢得战争并建立国家；有时他是一个先知，就像穆罕默德（Mohammed）一样，善于激励、振奋人心，他的话可以对穷人和弱势群体产生不可估量的进取心和令人惊叹的力量。像巴斯德（Pastur，法国化学家）、莫尔斯（Morse，美国发明家）、爱迪生（Edison，美国发明家）、福特（Ford，美国企业家）、赖特（Wright，美国建筑学家）等，都是无数历史起因的产物，也对历史进程产生了很大影响。

在我们的"性格因素表"中，模仿与创新是对立的，但在实际的历史进程中，二者又是相依的。只有顺从的天性与争强好胜的个人相结合，才能使一个社会有序运行，所以模仿者大都遵循着少数人的创新，遵循有创造力的个体，以便通过新的方式去适应环境与生存的要求。很大一部分历史，是由求新的少数人之间的冲突造成的，大多数的顺从者只是历史的看客，他们为胜利者鼓掌欢呼，并充当社会实验的人类原材料。

因此，智力是历史上的一种至关重要的力量，同时也可以起到分裂与破坏的作用。每 100 种新思路，其中至少有 99 种，可能连它们试图去取代的那些旧传统都不如。一个人，无论他是如何光彩夺目或者见识广博，在他的有生之年，也不可能无所不知，总能对他所在社会的习惯和礼俗做出明智的判断与取舍。因为这些习惯和礼俗，是经过无数代人在多个世纪的历史长河中培育出来的智慧与经验的结晶。一个荷尔蒙旺盛的青年人可能会问，为什么他不能充分享有发泄性欲的自由？假如他不遵守习俗、道德与法律的规范，在他足够成熟之前，还不明白性是一条充满烈火的欲河，必须处处设防，严加限制，约束自己，否则将会导致个人和群体的大混乱，并毁掉自己一生。

所以说，那些抗拒改变的保守派与提出改变的激进派具有同样价值——或者可以说,根须深厚比枝叶繁茂更加重要。新观念应该被汲取,因为对于少数人来说,新观念是可以被利用的。但新观念必须经过异议、反对以及轻蔑的争论,这也是正确的。这是新观念被允许进入人类赛场之前得以存在的预赛。老年人抵制年轻人,与年轻人刺激老年人,都是正确的。由于这种张力,同时由于有性别和阶级的冲突,才能创造出一种创造性的抗张强度,一种刺激性发展和一种神秘又基本的联合与运转。

第六章
道德与历史

　　道德是行为规范（就像法律是强制性规范一样），充当社会告诫者的角色，借此劝诫其成员和团体，在处事上要与规则、安全和发展相一致。所以，16世纪时，在基督教国家内被团团包围的犹太人聚居地，仍能通过严格细致的道德准则，来保证他们的连续性以及内部的和平，而有了这些道德准则，他们几乎不需要从国家和法律中获得帮助。

　　缺乏历史知识的人，会强调道德规范富于变化，并据此得出不必重视道德规范的结论。他们认为道德会随时间与空间而变化，有时还会相互矛盾。历史知识丰富的人，则强调道德规范的普适性，他们的结论是社会绝对需要道德规范。

道德规范之所以不同，乃是因为它们会根据历史和环境的条件调整自身。如果我们把经济发展史分为三个阶段——狩猎期、农业期和工业期——我们可能会发现，一个阶段的道德规则将会在下一个阶段被改变。在狩猎阶段，一个人必须随时要准备好去进行追捕、格斗和砍杀的工作。当他抓到了猎物，总是要吃下相当于自己胃量3倍的食物，因为他们不能确定何时才能吃到下一顿。不安全感是贪婪之母，记忆是残酷的——这一点可能已经深入骨髓——当时生存的考验取决于杀戮的能力（就像现在国与国之间一样）。大体来说，当时男人的死亡率要高于女人，因为男人要经常冒着生命危险去追捕猎物。一些男人必须同时拥有几个女人，每个男人都被期望能使妇女频繁怀孕。因此，好斗、残暴、贪婪和好色，在为生存而战斗的时代，是一大优势。很可能今天的每一种恶习，在以前都曾经被视为美德——一种使个人、家庭或者团体得以生存的美德。男人的罪恶可能是他崛起时的遗产，而不是他衰落时耻辱的标记。

历史没有告诉我们人类由狩猎期发展到农业期的准确时间——或许是在新石器时代，或许是在发现播种粮食可以增加野生小麦的产量时开始的。我们可以合理地进行假设，新制度要求新美德，同时把一些旧美德视为罪恶。于是，勤奋变得比勇猛更重要，规律生活和节俭比武力更有价值，和平比战争更代表胜利。孩子是经济资产，节育是不道德的。在以家庭为生产单位且以父亲和季节为中心的农场中，父权是有坚实的经济基础的。每一个正常的儿童，在心智和自立方面都成熟得很快。在 15 岁时，他们就会对生活中的体力工作有所了解，就和他在 40 岁时所了解的完全一样。他所需要的所有东西就是土地、耕具，以及健康勤快的臂膀。所以他早早结婚，几乎与自然的要求同步，他们就不必担心新秩序下永久性的家庭模式对婚前关系的严格限制。对年轻女性来说，贞操是必不可少的，因为如果失去贞操，就可能成为无人问津的单身妈妈。一夫一妻制是基于两性数量大致平衡的要求。1500 年以来，贞操、早婚、白头偕老、一夫一妻制，以及多次生育，这些农业道德规范，一直在信仰基督教的欧洲地区和白人聚居地区持续着。这是一个严格的规范，给历史打上了某些最为鲜明、强烈的烙印。

工业革命，起初是渐渐地，继而是迅速而又更加广泛地，改变了欧洲人和美国人的经济形态和上层道德结构。男人、女人和儿童离开住所和家庭，放弃权威和集体，依靠个人力量打拼，报酬也全归个人所得。建造好的工厂里面没有人，只有机器。每隔10年，机器都会成倍增加，操作变得更加复杂，经济能力（养家糊口的能力）的获得越来越晚，孩子不再是经济资产，婚姻被推迟，婚前贞操变得更加难以维持。城市里鼓励结婚，但又同样提供性刺激和性交易场所。女人被"解放"了——也就是说，变得商业化了；同时，避孕药使她们能够将性爱与怀孕分离开来。个人主义在工业社会日益增长，使得父亲和母亲的权威失去了其赖以存在的经济基础。叛逆的年轻人不再受全村人的监督和限制，他可以在拥挤的城市中通过改名换姓来隐藏自己曾经犯下的罪恶。科学的进步提升了试管

第六章 道德与历史 051

的权威，超越了牧师的权杖；经济生产的机械化提出了机械唯物主义哲学，教育的传播助长了对宗教的怀疑，道德规范越来越失去超自然的支持力量。旧的农业道德规范开始走向死亡。

在我们这个时代，与在苏格拉底（Socrates）时代和在奥古斯都（Augustus）时代一样，战争助长了暴力，背离了道德。经过伯罗奔尼撒战争所引起的暴力事件和社会动荡之后，亚西比德（Alcibiades）感到可以任意地藐视祖先们立下的道德规范；而特拉斯马科斯（Thrasymachus）[1]也可以宣称，强权即是公理。在经过马略（Marius）和苏拉（Sulla）、恺撒（Caesar）和庞培（Pompey）、安东尼（Antony）和屋大维（Octavius）的各次战争后，"罗马充满了那些失去了自己经济地位和道德恒心的男人，比如已经尝试过冒险滋味和学会了杀人技术的士兵，看到自己的积蓄消耗于战争并引发税收和通货膨胀的公民……女人因为自由来得太突然而晕头转向，离婚成倍增加，堕胎

---

[1] 特拉斯马科斯：古雅典时期的诡辩家，是柏拉图《理想国》书中的人物，大约生活在公元前5世纪。——译者注

和通奸层出不穷……一种肤浅的诡辩家得意于自己的悲观主义和犬儒主义"。[1]这几乎是欧美城市在第二次世界大战后的写照。

历史提醒我们,罪恶在很多时代都会有,这似乎能给我们一些安慰。即使在我们这个时代,同性恋的受欢迎程度,也难和它在古希腊、古罗马以及文艺复兴时期的意大利相媲美。"人文主义者认为这是一种学者的情怀,阿里奥斯托(Ariosto)[2]也说,他们都沉迷于此。"阿雷蒂诺(Aretino)[3]甚至请曼图亚公爵(Duke of Mantua)送给自己一个迷人的男童。[4]卖淫嫖娼活动,从亚述帝国[5]对妓院的国家管制到今天西欧和美国城市的"夜总会",一直大量存在,而且是普遍性的。1544年,在维滕堡大学,根据路德(Luther)的说法,"女孩子的放荡也越来越大胆,她们追踪男同学,进入他们的房间或者卧室,以及任何其他可能

---

[1] 杜兰特:《恺撒与基督》,第211页。
[2] 阿里奥斯托:1474—1533年,意大利著名诗人。——译者注
[3] 阿雷蒂诺:1492—1556年,意大利著名讽刺作家。——译者注
[4] 杜兰特:《文艺复兴》,第576页。
[5] 杜兰特:《东方的遗产》,第275页。

的地方，奉上她们随意的爱情"。[1]蒙田（Montaigne）告诉我们，在他的时代[2]，淫秽书籍充斥市场，随手可得。[3]而我们这个时代不道德的事件，从英国复辟时期以来，只有种类上的差别，没有程度上的差别。约翰·克莱兰（John Cleland，英国色情文学作家）的作品《欲女回忆录》——一个真实的淫荡故事——在1749年非常受欢迎，就像在1965年间那样。[4]我们从在尼尼微（Nineveh）[5]遗址附近发掘出了骰子，可见在每个时代，男性和女性都嗜好赌博。每个年龄段的男人都已经变得不再诚实，政府都贪污腐败，也许现在这种情形还要比过去好一些。16世纪欧洲的文学小册子中说，"充满对食品和其他货物大量掺假的谴责和抱怨"。[6]男人从来不甘心遵从"十诫"。我们已经看到了伏尔泰（Voltaire）对历史的评论主

---

[1] 杜兰特：《宗教改革》，第761页。
[2] 指1533—1592年。——译者注
[3] 杜兰特：《理性开始的时代》，第394页。
[4] 杜兰特：《伏尔泰时代》，第64页。
[5] 杜兰特：《东方的遗产》，第265页。
[6] 杜兰特：《宗教改革》，第763页。

要集中于人类"集罪恶、愚蠢与不幸之大成"[1],吉本(Gibbon)也持这种论调。[2]

我们必须再次提醒自己,一般记载的历史(犯罪事件)与我们生活中的历史是十分不同的,历史学家记录那些特殊的东西,因为它是有趣的,是特殊的。假如没有博斯韦尔(Boswell)[3]替那些特殊人物,在历史学家的著作里找到与他们地位相当的记载,我们对过去的人和事,看法就只会更加沉闷。隐藏在战争与政治、不幸与贫困、通奸与离异、谋杀与自杀等血腥画面之后,还有不计其数的正常家庭,他们有美满的婚姻,男人和女人和善且恩爱,与孩子生活在一起,享受苦中有乐的天伦之旅。即便是在记载的历史中,我们也能发现许许多多善良的故事,甚至是高贵的故事,所以我们虽然不能忘记罪恶,但是可以原谅罪恶。历史的慈善馈赠,几乎和战场与监狱的暴行一样多。即便是在我们粗略的叙述中,我们也能很多次看到人

---

[1] 杜兰特:《伏尔泰时代》,第487页。
[2] 爱德华·吉本:《罗马帝国衰亡史》,第1卷,第314页。
[3] 博斯韦尔:1740—1795年,18世纪英国作家。——译者注

们互相帮助的事例——比如法里内利（Farinelli）[1]为德梅尼科·斯卡拉蒂（Domenico Scarlatti）[2]的孩子提供费用支持，社会各界人士救助年轻的海顿（Haydn），康特·丽塔（Conte Litta）支付约翰·克里斯蒂安·巴赫（Johann Christian Bach）在博洛尼亚的学习费用，约瑟夫·布莱克（Joseph Black）多次为詹姆斯·瓦特（James Watt）提供金钱，普赫贝格（Puchberg）多次暗中接济莫扎特。谁敢说不能写出一部人类善良的历史呢？

因此，我们就不能确定地说，我们这个时代的道德放纵，与其说是社会败坏的征兆，不如说是道德规范处于农业基础的瓦解和工业文明尚未步入正轨的痛苦又可喜的转变之中。同时，历史使我们相信，文明的衰败是十分从容不迫的。在希腊，道德的弱化始于诡辩家，但在250年后，古希腊文明仍然继续产生文艺杰作。罗马人道德的"衰退"，开始于被征服

---

[1] 法里内利：1705—1782年，意大利歌唱家。——译者注
[2] 德梅尼科·斯卡拉蒂：1685—1757年，巴洛克时代的知名作曲家。——译者注

者希腊人涌入意大利（公元前146年），但直到公元180年马可·奥勒留（Marcus Aurelius）去世，罗马仍然不断涌现伟大的政治家、哲学家、诗人和艺术家。罗马帝国在政治上的低谷，是在恺撒（Caesar）时期（公元前60年），但是直到465年，罗马也并没有完全屈从于蛮族。我们或许要像罗马帝国一样，要在沉沦中消耗长久的时间才可能垮掉！

或许是由于战争所带来的军事训练，使得文明中的道德纪律得以恢复。部分的自由随整体的安全而改变，在美国和英国，个人主义将因地域保护的终止而减少。性放纵可以通过自身来矫枉过正。我们毫无约束的孩子，可能会亲身见到秩序和谦逊是一种时尚；穿上衣服会比赤身裸体更让人振奋。同时，我们很多道德上的自由也是好的：解除了对神怪的恐怖，快乐地享受，既不伤害到别人也不会伤害到自己，到郊外透风，享受大自然的新鲜空气，不都是很愉快的事吗？

第七章

宗教与历史

即便是持怀疑论的历史学家也对宗教保持谦卑的尊重,因为他看到了宗教的作用,在很多地方、很多时代,大多都是有宗教存在的。对不快乐之人、受难者、孤儿和老人来说,宗教能带给他们不可想象的安慰;对千千万万的普通民众来说,它所带来的心灵慰藉远比任何自然援助都更为舒适。它帮助家长和教师教育年轻人。宗教似乎让社会最底层的人有了存在的意义和尊严;通过宗教的一些仪式,使人间的习俗好像获得某种神圣性,从而使社会变得稳定。宗教使穷人不会去谋害富人(拿破仑语)。因为人生而不平等,所以注定我们中有许多人一生会经历很多贫穷和失败,对失意的人而言,一些不可思议的超自然希望可能是唯一的安慰。摧毁了这个希望,人们之间的斗争就会愈演愈烈。天堂和乌托邦,就像是一个井中的两个水桶:当一个下降时,另一个就会升上来。

起初,宗教似乎与道德没有任何联系。显然,[因为我们只是猜测,或者说只是回应佩特罗尼乌斯(Petronius)[1]的话,而佩特罗尼乌斯又是重述卢克莱修(Lucretius)[2]的话]"最初是由于恐惧,而产生了神"[3]——恐惧是那些隐藏在大地、河流、海洋、树木、风和天空中的力量。宗教通过祭祀、供奉、念咒以及祈祷,成为了抚慰以及膜拜这些力量的手段。只有当牧师利用这些恐惧和仪式来支持道德和法律时,宗教才成为维持或者对抗一个国家至关重要的力量。宗教告诉人们,当地的道德和法律条规都是神祇授意的。它描绘了智慧神透特(Thoth)通过国王美尼斯

---

[1] 罗马帝国政治家、作家。——译者注
[2] 古罗马哲学家、诗人。——译者注
[3] 杜兰特:《恺撒与基督》,第296—297页。

(Menes)授予埃及法律,沙马什(Shamash)[1]通过国王汉谟拉比(Hammurabi)授予巴比伦人法典,耶和华通过摩西授予犹太人十诫和613条箴言,圣女厄革里亚(Egeria)通过努马·庞皮利乌斯(Numa Pompilius)授予罗马人法律。异教徒的祭仪与基督教的教义都宣称,地球上的统治者是受神的指派,并受神的保护的。出于感激,几乎每个国家都会与僧侣、牧师分享土地和税收。

一些持反对观点的人,怀疑宗教是否曾提升过道德,因为即使是在宗教统治的年代,不道德行为也在蓬勃发展。当然,淫乱、酗酒、猥亵、贪婪、欺诈、抢劫和暴力,在中世纪的确存在,但是,如果没有基督教的伦理、牧师的谆谆劝诫、圣人的以身作则,以及使人宁静平和的宗教仪式来维护人心,可能500年前由于蛮族入侵、战乱、经济萧条和政治混乱所催生出的道德失衡,将会更加严重。罗马天主教会努力减少农奴数量,缓和家庭矛盾和民族纷争,延长停火时

---

[1] 古巴比伦太阳神。——译者注

间确保和平,并通过成型的法律审判来取代决斗或神判。它使得罗马人苛刻的刑罚与野蛮人残酷的法律变得较为和缓,并大大扩展了慈善的范围和团体。

尽管罗马教廷是为国家服务的,但是它却声称,它凌驾于所有国家之上,正如道德也必须高于权力一样。它告诫人们,不受任何约束限制的、高度忠诚的爱国主义,可能会变成贪婪的人和犯罪者的工具。罗马教廷超越所有相互竞争的基督教世俗政府,颁布了一部道德法律。教廷声称,自己是神圣的起源,享有精神上的支配权,从而将自己当成国际法庭,要求所有统治者对此法庭负起道德上的责任。1077年,皇帝亨利四世[1]在卡诺萨(Canossa)不得不屈从于罗马教皇格雷戈里七世(Gregory VII)的压力,承认了这一主张。一个世纪后,教皇英诺森三世(Invocent III),又把教皇的权威和尊严提升到新的高度,似乎实现了格雷戈里的理想,即超级道德大国。

---

1 1056—1106年在位。——译者注

第七章 宗教与历史

这个宏伟的梦想,在民族主义、怀疑主义和脆弱人性的攻击下支离破碎。罗马教廷也是由凡人组成的,他们也往往会犯偏执、腐败、巧取豪夺的毛病。法兰西在财富与权力中强大起来,便利用教皇制度作为她的政治工具。国王足够强大时,便会迫使教皇解散有众多忠实支持的耶稣会。教会于是不惜堕落到通过编造圣徒故事、伪造圣迹圣物,以及杜撰令人难以置信的奇迹等手段,进行欺诈。罗马教廷伪造了"君士坦丁大帝[1]献礼",宣称君士坦丁大帝将西欧的统治权转赠给教皇西尔韦斯特一世(Sylvester I)[2],又编造了一连串的、给予神圣的教皇无上权力的"假敕令"(约在842年),数百年以来,罗马教廷从中获利无数。[3]越来越多的统治阶层,将精力用于促使大家相信其正统性,而不是用于促进社会道德;宗教偏袒的裁判也几乎必然使得教会蒙受致命的耻辱。虽然在布道和平,教会却煽动了16世纪法国的宗教战争,以及17世纪的德国三十年战争。在现代道德显著提升的过程

---

[1] 306—337年在位。——译者注
[2] 314—335年在任。——译者注
[3] 杜兰特:《信仰时代》,第525—526页。

中，诸如废除奴隶制度，罗马教廷仅扮演了微不足道的角色。当然，它允许哲学家倡导人文主义运动，从而减缓了我们这个时代的罪恶。

历史已经证明，教会认为，广大民众渴望的宗教应该是富有奇迹、神秘事物和神话的。虽然在仪式方面、教士服饰方面，以及主教权力方面，可以出现一些微小的改变，但教会却不敢改变受到理性嘲讽的教义，因为如此一来，就会使无数原本希望和神联系在一起的鼓励与安慰随之破灭。在宗教与哲学之间，没有任何和解的余地，除非哲学家承认他们找不到其他办法来取替教会所建立的道德基础，或者教会承认宗教选择和知识信仰的自由。

历史是否支持对上帝的信仰呢？如果"上帝"不是指自然那富有创造性的活力，而是指一个智慧和仁慈的、至高无上的存在，那么答案必然是一个勉强的否定。就像生物学的其他分支一样，历史学也坚持着物竞天择、适者生存的原则——只有最适应环境变化的个体或者群体，才能在一个"善良"的、不会得到任何优待或者不幸的斗争中存活下来，并且最终的考验就是其生存能力。除了犯罪、战争和其他的一些人类暴行外，地震、暴雨、龙卷风、瘟疫、海啸与其他周期性地使人类和动物的生命减少的"天灾"（"神的行为"），以及所有的证据都说明了一个可以说是盲目也可以说是公正的宿命存在，这种场景所带有的偶发性和表面上看来的随机性，总被我们归因于秩序、荣光、美丽或者崇高。如果历史支持任何神学，也会像袄教和摩尼教一样，是二元论的，即一个善良的神灵和一个邪恶的神灵，正在彼此争斗，以求获得对宇宙和人类灵魂的掌控权。这些信念和基督教义（本质上是摩尼教的）都向它们的信徒保证：善良的神灵最终一定会获得胜利。但是，历史对此圆满理论却不能提供任何保证。自然和历史并不认同我们对善与恶的观念，它们把"善"认为是那些存活下来的适者，而"恶"则是那些失败者和被淘汰者，同时宇宙对基督和成吉思汗（Genghis Khan）也是一视同仁，并无偏见。

人类在浩瀚宇宙中是微不足道的。人们不断认识到这一点，这又进一步损害了对宗教的信仰。在基督教世界，其衰退始于 1543 年的哥白尼（Copernicus）。虽然这一过程是缓慢的，但是到 1611 年，约翰·多恩（John Donne）哀叹，地球已经成了世界的"郊区"，并且"新理念使得一切都陷入怀疑之中"；弗朗西斯·培根（Francis Bacon）偶尔会歪戴帽子去见主教，也正是在这个时候他宣称："科学是已经获得解放了的现代人类的宗教。"从那一代人开始，人们相信作为一个外在之神的"上帝死了"。

如此之大的影响，除了需要科学和历史知识的传播之外，还需要其他更多的因素。首先，是宗教改革，它最初要求捍卫私人的判断权。随后，众多的新教徒和相互矛盾的神学理论都诉诸《圣经》经文和理性。随之而来的，是对《圣经》更高层次的批判，显示了如此非凡的经书竟然是容易犯错误的凡人不完美的作品。其后，自然神论的运动在英格兰，把宗教降低到信仰一个和自然很难区分的模糊上帝身上。此后，和其他宗教日渐熟悉，那些宗教上的神话，大多都发生在基督教之前，所谓的事实依据其实是继承而来的教义。随即，新教揭穿了天主教的奇迹，自然神论揭穿了《圣经》的奇迹，一般人揭穿了宗教史中的一些欺诈、宗教审判不公以及大屠杀事件。其后，工业取代了农业——每天机器不断的轰鸣声显示机器时代已经到来，搅乱了人们原来对生命轮回和成长奥秘的信念。此外，怀疑学派如贝勒（Bayle）[1]，以及泛神论哲学家如斯宾诺莎（Spinoza），大胆冒进；法国启蒙运动时，对基督教进行了大举进攻；法国大革命期间，巴黎起义也反对教会。此外，在我们这个时代，在现代战争中有很多平民被滥杀。最后，科学技术的可怕胜利，全面提升了人类的能力和破坏性，并且使得人类敢于挑战上天的支配。

基督教在自身发展的历史上，也有点给自己帮倒忙的情况，许多基督徒有了道德意识，再也无法忍受传统神学中报复心很重的上帝。地狱观念不仅在教育思想中消失，在布道的讲坛上也消失了。长老会的教徒也把《威斯敏斯特信条》（*Westminster Confession*）视为羞耻，他们曾在那里宣誓，相信

---

1 贝勒：1647—1706年，法国哲学家。——译者注

创造男女的上帝，尽管上帝曾预言，无论他们拥有美德还是罪恶，都注定要被打入地狱。受过教育的基督徒，在参观西斯廷教堂时，会被米开朗琪罗（Michelangelo）的绘画所震惊，在画里耶稣将犯罪的人一股脑地往永不熄灭燃烧着熊熊大火的地狱中丢去，这就是"温柔的、温顺的、温和的耶稣"，这就是曾经鼓励我们这些年轻人的上帝吗？正如希腊人的道德发展，削弱了他们对奥林匹斯山上争吵淫乱的诸神的信仰（柏拉图写道："有一些人根本不相信有什么神祇的存在。"[1]），基督教伦理的发展，也慢慢地侵蚀了基督教神学。基督摧毁了耶和华。

用世俗制度取代基督教是工业革命的最高峰和最关键的成果。欧洲的一些政权尝试着不用神学的支持，这种重要的实验结果，动摇了我们的许多想法和行为。法律，在过去是代表上帝赋予国王判决的权利，现在已经明显地成为容易犯错误的凡人所颁布的命令了。教育，在过去是代表受到上帝鼓励的牧师的

---

[1] 柏拉图：《对话录·法义》，第948页。

神圣职责，现在却变成了脱掉神学长袍与敬畏之心的普通饮食男女的职业，对那些只害怕警察的年轻造反派，依靠理性和劝说教化，可能永远也不会奏效。大学与教会曾经合二为一，现在也被商人和科学家夺走。人间的各种世俗主张的宣传，接替了超自然的信仰和道德准则的教诲。宗教节日已经变成了假期。戏院即使是在周日也会满员，而教堂即使是在周日也有一半座位是空的。在盎格鲁—撒克逊家族中，宗教已经成为一种社会习惯和保护色。在美国的天主教家庭中，这种风气也很盛行。在法国和意大利的上层和中层阶级，宗教是"女性的第二性特征"。种种迹象表明，基督教正在经历古希腊宗教衰落的老路，希腊宗教的衰亡就是紧随诡辩学者和希腊启蒙运动之后发生的。

　　天主教得以生存的原因在于，它勾起了人们的幻想、希望和意义，因为它的神话安慰穷人的生活，并照亮了他们的希望。较高的出生率使得基督徒逐步收回了因宗教改革而失去的地盘。天主教目前已经没有了知识界的依附，并且由于和世俗教育与文学的结合，导致它日益受人诟病。但是，天主教得到了两种人的皈依，一种人对理性的不确定性感到苦恼，另一种人希望通过借助教会之力来压制内部的混乱并抵制共产主义的浪潮。

如果另一场巨大的战争能摧毁西方文明，毁灭城市，蔓延贫穷，羞辱科学，就像在476年一样，那时候的基督教教会就会变成劫后余生的罗马人唯一的希望和指引。

历史给予我们的一个教训是，宗教拥有许多信徒，并且有复兴的习惯。在过去，上帝和宗教的死亡又重生了多少次！埃赫那吞（Ikhnaton）用尽法老的全部力量，消灭了对阿蒙神（Amon）的崇拜，但在埃赫那吞死后一年，对阿蒙神的崇拜又恢复了。[1] 在释迦牟尼（Buddhism）年轻的时候，无神论风行印度，于是他创立了一个无神的宗教，但当他涅槃后，佛教发展成一个包括神祇、圣哲和地狱的复杂神学理论。[2] 哲学、科学将希腊的万神殿扫荡一

---

1 杜兰特：《东方的遗产》，第205—213页。
2 同前，第416—419、434、504页。

空，但是这种真空状态吸引了成堆的东方信仰，使复活的神话更加丰富。1793年，赫伯特（Hébert）[1]和肖梅特（Chaumette）[2]，错误地解释了伏尔泰的思想，在巴黎建立了无神论的崇拜会，只信仰理性女神（Goddese of Reason）；一年之后，罗伯斯庇尔（Robespierre）在害怕混乱的同时，又受到卢梭（Rousseau）的启发，建立起了对唯一真神上帝（Supreme Being）的崇拜；1801年，精通历史的拿破仑，与教皇庇护七世签署了协约，准许天主教会在法国恢复活动。18世纪，在维多利亚女王与基督教的妥协下，英国的反宗教主义消失了：在教会默许附属于政府，以及教区牧师要谦卑地为乡绅服务之后，国家同意支持圣公会，受过教育的各阶层人士也压抑起自己的怀疑主义。19世纪的美国，开国元勋的理性主义也让位给了宗教复兴。

清教主义和异教主义——即对感官和欲望的表达与克制——在历史上交替反应，互相影响。一般而言，宗教和清教主义盛行之时，就是法律很无力而需要道

---

[1] 赫伯特：1757—1794年，法国大革命时期的激进论者。——译者注
[2] 肖梅特：1763—1794年，法国18世纪的政治家。——译者注

德承担起维护社会治安重担的时候。怀疑主义和异教徒（其他因素是一样的）挺进时，就是法律权威兴起之时，只要不危害国家的根本稳定，政府就会听任教会、家庭、道德衰落。在我们这个时代，国家的强有力与各种力量联系在一起，放任上述宽松的信仰和道德的松弛，并允许异教徒恢复其自然统治。也许我们的过激行为会带来另一种反应，道德失序可能会产生宗教复兴，无神论者也许会再次（就像法国在1870年惨败后）把孩子送到天主教学校，训练他们的宗教信仰。让我们来聆听不可知论者勒南（Renan）[1]在1886年的呼吁：

> 让我们来享受作为上帝子民的自由，但我们也要小心，免得一旦基督教教义走向无力时，我们会变成道德沦丧、危害社会的帮凶。如果没有了宗教，我们该怎么办？……如果理性主义要统治世界，却不考虑灵魂对宗教的需求，那么，法国大革命的经验就是告诉我们，这样的错误所造

---

[1] 欧内斯特·勒南：1823—1892年，法国哲学家。——译者注

成的后果是什么。[1]

历史是否证明了勒南的结论,即宗教对道德而言是必需品——自然的伦理力量太过脆弱,以至于不能抵抗那些潜藏在文明之中却出现在我们梦中的梦想、罪恶与战争的野蛮?约瑟夫·德·迈斯特(Joseph de Maistre)[2]说:"我不知道一个流氓的心可能会是什么样子,但我知道一个诚实人的心会是什么样子,这太可怕了。"[3]在我们这个时代以前的历史中,还找不到一个显著的例子表明,在没有宗教的帮助下,我们的社会道德生活也能长久维持。法国、美国和其他一些国家,已经使政府脱离了教会,但是他们仍然需要宗教在维护社会秩序方面给予的帮助。只有少数几个国家,不仅已经与宗教脱离关系,并且还拒绝其援助。或许,这个实验在俄罗斯取得了明显而暂时的成功,但这要在很大程度上归功于人们暂时将共产主义当成了信仰,它取代了教会,成为了安慰与希望的供

---

[1] 欧内斯特·勒南:《十二使徒》,第33页。
[2] 约瑟夫·德·迈斯特:1753—1821年,法国哲学家。——译者注
[3] 朱尔斯·勒迈特:《卢梭》,第9页。

应者。如果国家不能消灭与广大民众息息相关的相对贫穷，那么就将失去人们对它的信任和支持，这个国家也许就会默许恢复超自然的信仰，以此缓和不满。"只要有贫穷，就会有神灵。"[1]

---

[1] 杜兰特：《哲学的大厦》，第568页。

第八章

经济与历史

根据卡尔·马克思（Karl Marx）描绘的那样，历史是动态的经济，即个体、群体、阶级及国家为了食物、能源、材料和经济实力所开展的竞争。政治体制、宗教机构、文化创造，都植根于经济现实之中。所以，工业革命带来了民主政治、女权运动、计划生育、社会主义，以及宗教衰落、道德松弛，使文学从依赖于贵族的赞助中解放出来，小说的体裁也由浪漫主义改变为现实主义，以及用经济学的眼光来解读历史。在这些运动中，那些杰出的人物是果，而不是因。如果不是希腊人要寻求对达达尼尔海峡的商业控制，可能到今天我们都不会知道阿伽门农（Agamemnon）、阿喀琉斯（Achilles）和赫克托耳（Hector）[1]究竟是何许人。是经济上的野心引来船只千艘，汇集到伊利昂（Ilium）[2]，而不是"比夜晚天空中闪烁的上千颗繁星还要璀璨"的海伦[3]的俏丽脸庞引来的。这些狡猾的希腊人知道，如何用语言的遮羞布来掩盖赤裸裸的经济真相。

毫无疑问，经济的解释阐明了更多的历史现象。提洛同盟（Delian Confederacy）的钱建成了希腊的帕台农[4]神庙（Parthenon），埃及艳后克娄巴特拉女王（Cleopatra）的埃及国库，复苏了奥古斯都统治下经济枯竭的意大利，支付了维吉尔的养老金和贺拉斯的农庄。十字军东征，就像罗马与波斯的战争一样，都是西方世界企图获得前往东方世界的贸易通道，结果十字军东征的失败导致了美洲的发现。美第奇（Medici）家族的银行出资支持了佛罗伦萨的文

---

[1] 阿伽门农、阿喀琉斯和赫克托耳都是希腊神话中的人物。——译者注
[2] 特洛伊的拉丁文名字。——译者注
[3] 海伦：斯巴达王墨涅拉俄斯之妃，因貌美无双，被特洛伊王子帕里斯夺去，引发特洛伊之战。——译者注
[4] 帕台农：掌握智慧、学问及战争的女神雅典娜。——译者注

艺复兴,可能是纽伦堡的贸易和工业才培养了丢勒(Dürer)[1]。法国大革命的到来,不是因为伏尔泰卓越的讽刺散文和卢梭伤感的浪漫小说,而是由于中产阶级已经上升到经济的领导地位,为了他们的企业与贸易,他们需要立法的自由,以及需要被社会认可和政治权力。

没有人会声称说,所有人都是被经济利益驱动的;也没有人会臆测,是物质方面的欲望才导致了阿贝拉尔(Abelard)的恋情、释迦牟尼的佛音,以及济慈(Keats)的诗文。但是,群众运动中非经济诱因所起的作用可能会被低估,比如:宗教狂热诞生了穆斯林和西班牙军队;民族情绪出现了希特勒的军队和日本神风敢死队,暴民的自取灭亡造成了1780年6月2日到6月8日的伦敦高登(Gordon)暴动,以及1792年9月2日到9月7日的巴黎大屠杀。在这种情况下,领导者的动机(通常也是隐蔽的)可能是经济的,但是结果却在很大程度上要取决于群众的情

---

[1] 丢勒:1471—1528年,德国著名画家。——译者注

绪。在许多情况下，政治权力、军事力量而不是经济活动才是最明显的原因，就像在南美历史上不断发生的军事政变。谁能够宣称，摩尔人征服西班牙人、蒙古人征服西亚、莫卧儿王朝征服印度，都是经济力量的产物？在这些事件中，穷人被证明比富人更强，军事上的胜利换来了政治上的统治地位，并带来了经济的控制权。武将可以用军队的方式阐述历史。

如果承认这些说法，我们就可以从过去的经济分析中获得无尽的教诲。我们观察到：入侵的蛮族发现罗马之所以衰落了，是因为以前那些构成罗马军团的农业人口改变了。原本是为了领土而浴血奋战的爱国勇士，如今却变成了在由少数人所有的大农场中无精打采的农奴。今天，小农场无法使用最好的设备来盈利，迫使农业活动再次走向资本主义或共产主义所有权下的规模化生产。有人曾经说："文明是人和锄头上的寄生虫。"[1] 但到了现在，"人"和"锄头"都不复存在，而是变成了一只在拖拉机或联合收割机方向盘

1　杜兰特：《宗教改革》，第 752 页。

上的"手"。农业成为了一个产业,不久农民就必须在成为资本家的雇工还是成为国家的员工之间进行选择。

另一方面,历史又说:"劳心者治人,劳力者治于人,但治钱者治理一切。"[1] 所以,银行家爬升到经济金字塔的最顶端,他们观察农业、工业以及贸易的趋势,引导资金的流动,把我们的钱两倍或者三倍地规模运作,他们控制贷款、利润和企业,他们进行最大风险又最大收益的活动。从佛罗伦萨的美第奇家族,奥格斯堡的福格尔家族(Fuggcis),巴黎和伦敦的罗斯柴尔德家族(Rothchilds),到纽约的摩根家族(Morgans),这些银行家都稳稳地坐在政府、金融战争、教皇之争的决策董事会中,居间调停,偶尔还会点燃革命的火花。可能这是他们权力的一个秘密:他们研究价格波动,知道历史总是会通货膨胀,而把财富窖藏起来是一个聪明人最后才会去做的事。

---

[1] 杜兰特:《路易十四时代》,第720页。

过去的经验毫无疑问地会告诉我们,每一个经济体系或早或晚都要依赖于某种形式的利润动机,以此来唤起个人和团体的生产积极性。像奴隶制、警察监督制度,或者是狂热的意识形态,都证明是不太符合生产原理的、太不经济的,或者是太过短暂的。一般而言,正常情况下,人的价值是根据他们的生产能力来判断的——战争时期是例外,在那个时候,排名会依据人的破坏能力而定。

在各种各样的社会中都是这样,由于每个人的实际能力都不同,这些能力多数都是掌握在少数人的手中。财富的集中,是这种集中能力的自然结果,这种情况在历史上经常有规律地重演。集中的速度要看道德和法律允许的经济自由程度而定(在其他因素相同的情况下)。专制主义可能在一段时间内延缓集中的速度,民主政体因为准许最大限度的自由,会加速集中。美国人在1776年以前是相当平等的,现在已经被成千上万种生理上、精神上和经济上的差异所击垮,以至于现在最富有者和最贫困者的贫富差距,比自罗马帝国财阀时期以来的任何时候都要大。在不断进步的社会中,这种集中程度可能会达到一个临界点,即许多穷人拥有人数优势,而少数富人则拥有质量优势。这个不稳定的临界点会产生很危险的后果。在这种情况下,历史上有很多种不同的解决方法,或者是通过立法,用和平的手段重新分配财富;或者是通过革命,用暴力的手段强行均摊贫困。

公元前594年的雅典,根据普鲁塔克(Plutarch)的说法:"富人与穷人之间的财富差距,已经达到了最高点,所以这座城市似乎是处于危险的状态,没有其他的手段能将它从骚乱中解放出来……似乎唯一可能的,只有动用专制的权力。"[1] 这些穷人发现自己的处境一年比一年糟糕——政府掌控在他们主人的手中,贪赃枉法的法院做出的每一项判决,都对穷人不利——于是,他们开始谈论暴力反抗。这些富人,又对准备向他们财产提出挑战的行为勃然大怒,也准备用武力来保卫自己。良好的意识占了上风,温和派确保选举了梭伦(Solon),一个具有贵族血统的商人,

---

[1] 普鲁塔克:《梭伦传》,见《希腊罗马名人传》。

来担任至高无上的执政官。梭伦贬值货币，从而减轻所有债务人的负担（尽管他自己也是债权人）；他减少一切个人间的债务，并且终止因欠债而坐牢的处罚；他取消了拖欠的税款和贷款利息；他创立了一种累进所得税制度，使得富人需要比穷人多付出12倍的税钱；他在更受欢迎的基础上，改组了法院，并且安排那些在战争中为雅典而牺牲者的后人，由政府承担他们的生活费和教育费。富人抗议说，梭伦的措施就是赤裸裸的非法没收；激进分子则抱怨，梭伦为什么没有重新分配土地；但是，这代人几乎都一致同意，梭伦的改革，将雅典从革命中拯救了出来。[1]

罗马元老院，因其智慧而闻名，在意大利的财富逐渐集中到临近爆炸点的时候，它却采取了不妥协态度，结果引发了长达百年之久的贫民和贵族之间的战争。提比略·格拉古（Tiberius Gracchus）[2]，出身贵族，却被选为代表平民的执政官，于是提出限制所有权的

---

[1] 杜兰特：《希腊的生活》，第112—118页。
[2] 提比略·格拉古：公元前162？—前133年，罗马共和国时期的执政官。——译者注

议案，每人所拥有的土地不能超过333英亩[1]，剩余土地，分配给首都躁动不安的"无产阶级"。元老院拒绝了他的提案，认为这样做简直就像是没收一样。提比略·格拉古直接呼吁市民，告诉他们："你们拼死拼活地工作，就是把财富和奢侈品拱手让给别人去享受；你们被称为是世界的主人，但自己却连立锥之地都没有。"[2] 他违反罗马的法律，竞选连任执政官，但在一个选举日的暴乱中，他被杀害了（公元前133年）。其弟盖约（Caius），继承他的事业，但是因为未能阻止暴力事件漫延，他下令让其仆从杀死他。仆人服从命令将他杀死（公元前121年），然后也自杀身亡。盖约的3000追随者，全部被元老院下令处死。马略（Marius），成了平民领袖，当运动几乎要演变成革命时，他却退却了。喀提林（Catiline），组织了一支由"可怜的穷人"组成的革命军队，并提议取消所有的债务。但他的建议却被西塞罗（Cicero）激愤的演讲所淹没，并在对政府的战役中死亡（公元前62年）。朱里斯·恺撒，试图妥协和解，但经过5年的公民战

---

1 相当于4047平方米。——译者注
2 普鲁塔克：《提比略·格拉古》，见《希腊罗马名人传》。

争，也被贵族所剪除（公元前44年）。马克·安东尼，支持恺撒的政策，但又有个人野心，多愁善感，这些东西纠缠在一起，难以理出头绪；屋大维，在亚克兴海角（Actium）[1]击败了他，并确立了"元首政治"，维持了罗马帝国领域内各州之间、各阶级之间以及帝国边界210年的和平。[2]

西罗马帝国的政治秩序崩溃之后（476年），经过数百年的贫穷，又重新缓慢走上新的财富集中之路上，其中很大程度上集中于天主教会的手中。某种程度上，宗教改革，就是要通过减少德国和英国对罗马教会的支付，以及让世俗分享基督教教会的财产和收入，来做一次新的财富再分配。法国大革命是企图用暴力手段，在乡村实行农民暴动、在城市实行大屠杀来重新分配财富，但主要的结局却是将财产和特权从贵族手中转移到了资产阶级手中。美国政府在1933年到1952年间，以及1960年到1965年间，追随梭伦的和平方法，完成了一次温和的、稳妥的再分配；

---

1 希腊半岛西岸。——译者注
2 杜兰特：《恺撒与基督》，第111—122、142—144、180—208页。

可能是这些政策的制定者中曾有人研究过历史吧！美国的上层阶级曾经诅咒过财富集中，遵从过财富集中，当然现在也在恢复财富集中。

我们的结论是，财富集中是自然的，而且是不可避免的，财富集中的周期可以借助于暴力的或者是部分和平的再分配而趋于缓解。就此而论，所有的经济史都是这个社会有机体缓慢的心脏跳动，是对财富集中和强制再分配的巨大收缩或者扩张。

第九章

社会主义与历史

　　社会主义反对资本主义的斗争，是财富集中与分散的历史乐章的一部分。当然，在历史上资本家已经创造了自己的职能，如他们用许诺分红和支付利息的方式，集合人们的储蓄变成为生产资本；他对工业和农业进行机械化投资，并合理分配效益。结果导致大批商品如潮水般从生产者手中涌入到消费者手中，这在历史上以前从未发生过。他们把自由主义的自由福音汇集到一起，为商人辩护，说要听任货物自由流通，免除通行税和法令规章的限制，因为比起产业由政客管理、人员由政府官员配备，以及不理会供求规律的做法，发挥商人的作用更能使社会大众在食物、居所、舒适与享乐方面得到更多的实惠。在自由公司制度下，靠竞争的激励机制以及主人翁精神的热情和兴趣，激发了人们的生产力和创造力；在对人才进行洗牌和对能力进行自然选择后，几乎所有的经济才能都会或早或晚找到属于自己的位置，得到相应的报酬；而且在民主政治制度的基本法则框架内，大部分物品的生产、服务的提供，都取决于公众的要求，而不是取决于政府的法令。同时，竞争迫使资本家不遗余力地劳动，而且他的产品也会不断地精益求精。

凡此种种要求，今天看来都是很有道理的，但是，他们没有解释，面对工业技术的统治霸权，出现了玩忽职守、物价操纵、交易诈骗和不负责任的财富滥用的现象，为什么历史充斥着抗议和反对的声音？这些弊端一定很古老，因为在上千年的历史过程中，十多个国家都有过社会主义者的改革实验。让我们来看看约公元2100年前苏美尔的情况：

> 经济由政府组织经营。大部分的耕地属于国

王,劳动者从交付给皇家仓库的农作物中,获得定额的口粮。因为管理着如此庞大的国有经济,所以发展出一个非常成型的社会阶段,他们还保存了全部配给的运送与分配记载。在乌尔(Ur)自己的首都、在拉格什(lagash)、在乌玛(Umma),数以万计的记载着这些内容的泥板文书被发现。……对外贸易也是用中央政府的名义来实施。[1]

在巴比伦(约公元前1750年),汉谟拉比法典曾固定了牧民和工匠的工资,以及医生做手术的费用。[2]

在埃及托勒密王朝(Ptolemies,公元前343—前330年)时期,国家拥有土地,并管理着农业,比如农民被告知要去耕种哪些土地,种植什么作物;他的收成是由政府指派的抄写员计量和登记的,要在皇家的禾场打谷,最后由农夫人接人地组成队伍,运送到国王的粮仓。政府拥有矿山,并霸占着矿石。它将生

---

[1] 《不列颠百科全书》,第2卷,第962b页。
[2] 杜兰特:《东方的遗产》,第231页。我们根据汉谟拉比法典修正了时期。

产的产品国有化,并且销售油品、食盐、纸草和纺织品。所有的商务都由国家管理和控制;大多数零售业,也都掌握在代理销售政府产品的经纪人手中。银行业是政府的垄断行业,但是它的运营可以委托给私营行号。每一个人、每一份产业、每一道工艺、每一件产品、每一次销售,以及每一部合同文件,都规定了要交的税额。为了记录贸易和收入的课税,政府要维持一大批抄写员,以及一个非常复杂的关于个人和财产的登记系统。该系统带来的税收,使得托勒密王朝成为当时最富有的国家。[1]大的工程事业完成了,农业产量提高了,一大部分利润被用去开发和建设国家,并且投资在文化生活上。大约在公元前290年,著名的亚历山大博物馆和图书馆成立。科学与文学得到蓬勃发展,在托勒密时代不确定的某一时间,一些学者提出将摩西五经中的"七十士译本(Septuagint)"翻译成希腊文。然而不久,法老对开支昂贵的战争有了兴趣。在公元前246年后,他们放纵自己的欲望,酒池肉林,使国家的行政权和财政权都落入到那些想

---

[1] 杜兰特:《希腊的生活》,第587—592页。

尽办法从穷人手中攫取每一个硬币的流氓手中。日复一日,政府的勒索愈演愈烈。罢工的人数和暴力程度不断增加。在首都亚历山大,本来是受到经费补贴和喜欢大场面的普通民众,因为受到庞大军事力量的监视,不能在政府里发表反对言论,最终都变成暴民。农业和手工业因为缺乏激励而衰退,道德日渐解体,直到公元前30年,屋大维将埃及纳入罗马的统治之下时,秩序都仍未恢复。

罗马在戴克里先皇帝(Diocletian)[1]的统治下,也出现了社会主义的插曲。面对日益严重的贫困和群众的不稳定状态,同时又受到蛮族入侵迫在眉睫的危险,他在301年颁布了《平价法案》(Edictum de Pertiis),其中谴责囤积居奇,反对通过垄断哄抬物价,并对所有的重要商品和服务设定最高价格和最高工资。广泛开展公共工程,保证了失业者有工作可做,粮食免费配给穷人,或者是降低价格来销售。政府——已经拥有大量的矿山、采石场和盐池——

---

[1] 284—305年在位。——译者注

几乎把所有重要的行业和协会都置于严密的控制之下。文献告诉我们："在每一个大城市里，国家都是强大的雇主……他们的权力远远超过私人产业，无论如何，私人产业都要受到苛捐杂税的压制。"[1]当商人宣告破产时，戴克里先解释说，野蛮人已经在我们的大门外徘徊，个人的自由必须被搁置起来，直到集体的自由得到保障。戴克里先的社会主义，是一种战时经济管理，可能是由于恐惧外来攻击而产生。若其他因素相同时，内部的自由与外部的危险总是可以互相转换的。

在经济细节方面对人员进行控制的任务，大大滋生了戴克里先皇帝的膨胀心理、奢侈作风及腐败官僚制度。为了支撑这种官场局面——比如军队、法院、公共工程以及失业救济——赋税收入逐渐增高，以致使得人们失去了工作和赚钱的动力，他们开始让律师来帮助自己寻找偷税漏税的方法，法律的制定者又制定新的法律以防止逃税行为的发生，两者的相互较量

---

[1] 路易斯·保罗：《还在运行的古罗马》，第283—285页。

持续展开。成千上万的罗马人,为了躲避税务员而逃至边疆,去蛮族那里寻求庇护。为试图制止这种难以控制的流动性,并确保监管和税收,政府又颁布法令,要求农夫不得离开其土地,工人不得离开其商店,除非他们能先把欠债和税款缴清。无论从哪方面来讲,中世纪的农奴制都已开始了。[1]

司马迁在公元前145年告诉我们,为了防止私人"保有他们独占山泽之利,并且不要让下层阶级自生自灭"[2],汉武帝(公元前140—前87年在位)[3]实行了土地资源国有化,拓展了政府在运输和贸易方面的权力,提高所得税,并创建公共工程,包括能够约束河流和灌溉土地的运河。国家储积了大量的商品,当价格上升时就出售它们,当价格下降时就购买更多。所以司马迁说:"这样将会阻止富商和大店主获得巨大的利润……国内的物价也由皇室控

---

1 杜兰特:《恺撒与基督》,第641页。
2 马塞尔·葛兰言:《中国文明》,第113页。
3 应为公元前141—前87年在位。——译者注

制。"[1]一时之间,我们被告知,中国的繁荣前所未有。汉武帝死后,"不可抗力"的天灾与人祸相接,迫使这项改革实验终止了。洪水与干旱交替爆发,造成了悲惨的粮食短缺,物价上涨到无法控制的地步。商人抗议高税制,因为这会支持懒惰者和无能者。穷人也因为生活费用的高涨而极为烦恼,也加入到富人的行列,吵闹着要回归旧制。有人甚至建议要将这个新制度的发明者下油锅烹熟。改革措施被一个个地取消了,也几乎被人们遗忘得干干净净,直到后来王莽要恢复这些改革。

王莽(16—23年在位)是一个成就卓著的学者,一个文学赞助者,一个对朋友和穷人仗义疏财的百万富翁。他荣登大宝之后,环侍其左右的皆是在文字、科学与哲学方面的饱学之士。他把土地收归国有,然后把土地平均分给农民,并且取消奴婢制度。像汉武帝一样,他也试图通过平准的办法来控制物价。他为

---

[1] 马塞尔·葛兰言:《中国文明》,第113页。《史记·货殖列传》记载:"汉兴,海内为一,开关梁,弛山泽之禁,是以富商大贾周流天下,交易之物莫不通,得其所欲……"——译者注

私人企业发放利率更低的贷款。那些因为他的改革而利益受损的集团,阴谋要联合起来将其推翻。这些人得到了水旱灾害和夷狄入侵的帮助。富裕的刘氏宗室带头发动起义,杀死王莽,废除他制定的法律。一切又都恢复旧制了。[1]

1000年以后,王安石出任宰相(1068—1085年),推行一项广泛的政府管理经济的制度。他认为:"国家应该把整个商业、手工业和农业的管理都掌握在手中,以期给予工人阶级帮助,防止他们成为富人脚下的骸骨。"[2] 他通过发放低息贷款救助农民;通过贷给种子和其他援助,鼓励新移民,等他们收获后再归还政府。他建设了伟大的工程来控制洪水,并借此防止失业。每一地区都指定有专人来负责管理工资和物价。商业变为国有化。国家向老年人、失业者和贫困人口发放救济金。教育与考试制度(这是知识分子进入政府部门的制度)也进行了改革;一位中国历史学

---

[1] 杜兰特:《东方的遗产》,第700页。在新版中,日期将会被修订。
[2] 高恩、霍尔:《中国史纲要》,第142页。王安石在《上仁宗皇帝言事书》中说:"盖因天下之力,以生天下之财,取天下之财,以供天下之费。"——译者注

家说,"学生扔掉他们诗词歌赋的课本","并开始研究历史、地理、政治经济"。[1]

是什么让这次改革失败了呢?首先,冗官。为支持政府日益膨胀的官员系统,样样都要课税。其次,冗军。为应对蛮族入侵,每个家庭必须出一个男丁去参军。最后,冗费。中国也像其他国家一样,面临着要在私人豪夺与公共贪污之间做出抉择的问题。以苏东坡兄弟为首的保守派声称,腐败和无能,使得政府管制各个行业的想法是不切实际的,最好的经济制度是一个自由放任的依赖于人的自然冲动的制度。那些富人因为自己的财富受到高额税收的剥削,商业又被政府垄断,于是倾尽自己所能,在变法中抹黑新制度,阻挠新制度的执行,直到新法被废除。这次反对运动有着良好的组织,不断地向神宗皇帝施加压力。当又一波严重的旱涝灾害发生时,天空中出现了可怕的彗星,于是天子罢黜了王安石的相位,废除了他的新法,并召回反对者让他们当权。[2] 历史上已知的、持续时

---

[1] 托马斯·卡特:《中国印刷术的发明及其西传》,第183页。
[2] 杜兰特:《东方的遗产》,第724—726页。

间最长的社会主义政权，是由印加人（Incas）创建的，印加创建于13世纪某时，即我们现在所说的秘鲁。他们的社会主义权力，主要是立足于普遍的信仰，即地球上的君主是太阳神的代表，所以他有权代表太阳神组织并指导农工商业。通过政府的普查，他们获取一切物资与个人及收入的资料；管理这样一个幅员广大的国家，当然要有专业的"管理运营人员"（runners），他们使用卓越的道路系统，以维持一个详尽又不可或缺的信息网络，来细致地统治这个国家。每个人都是政府的雇员，并且由于有食物和安全的保障，他们似乎也很愉快地接受了这个现状。这一制度一直维持到1533年为止，那一年秘鲁被皮萨罗（Pizarro）[1]征服。

在南美洲对面的斜坡上，沿着乌拉圭河两岸，是葡萄牙的殖民地。大约在1620—1750年之间，150个耶稣会信徒组织了20万印第安人，构建了另一个社会主义社会。这些执政的神职人员几乎管理着所有

---

[1] 皮萨罗：1471—1541年，西班牙征服者。——译者注

农业、商业和工业。他们允许每一个年轻人在他们教授过的行业中选择职业,但是需要每一个体格健全的人每天工作 8 小时。他们为土著提供娱乐休闲,安排体育运动和舞蹈,以及组织上千首赞美诗的合唱演出,他们还训练管弦乐队来演奏欧洲的音乐名曲。他们同时担任教师、医生和法官,并且设计了一部废除了死刑的刑法典。从各方面来看,当地人都是温和的,且对现况很满意,当他们的社会被攻击时,他们都竭尽全力地捍卫它,所迸发的热情和能力让袭击者都感到惊讶。1750 年,在葡萄牙割让给西班牙的领土中,包括了 7 个耶稣会信徒所建立的定居点。原因之一在于,有谣言四处流传,说是这些殖民地的土地中含有金矿,所以在美洲的西班牙人坚持要直接占领该地区。葡萄牙在当地的总督是庞巴尔(Pombal,当时与耶稣会士不和),下令让神职人员和当地居民离开定居点,虽然经过印第安人的一番抵抗,但实验最终宣告结束。[1]

1　杜兰特:《理性开始的时代》,第 249—251 页。

在德国，伴随着新教改革而来的社会动乱中，根据《圣经》制定的一些共产主义的口号，得到了几个叛军领袖的倡导。托马斯·闵采尔（Thomas Münzer）是一个牧师，他号召人民去推翻亲王、僧侣和资本家，建立一个"精致型社会"，在那个社会里，所有物产都是属于大家公有。[1] 他招募农民组成军队，用《福音书》中的共产主义思想激发他们，并带领他们去战斗。结果他们被击败了，5000人被杀害，闵采尔也于1525年被斩首。汉斯·胡特（Hans Hut）接受闵采尔的教导，在奥斯特利茨（Austerlitz）的再洗礼派社区，组织实行共产主义，几乎维持了近一个世纪之久（约1530—1622年）。来自莱顿的约翰（John of Leiden）也带领一群再洗礼派的人，占据了威斯特伐利亚的首都明斯特。在那里，他们维持了14个月的共产主义政权（1534－1535年）。[2]

17世纪，在克伦威尔（Cromwell）的军队中，有一个叫做"平等派"（Levellers）的团体，要求克

---

[1] 卡尔·考茨基：《宗教改革时期的中欧社会主义》，第121、130页。
[2] 杜兰特：《宗教改革》，第383、391、398—401页。

伦威尔在英国建立一个共产主义的乌托邦，结果以失败告终。在王朝复辟期间，社会主义的煽动力才有所减弱，但是当工业革命揭示了早期资本主义的贪婪和残忍时——比如雇佣童工女工、工作时间超长、工资低廉，以及工厂和贫民窟容易滋生职业病时，社会主义运动再次高涨了。卡尔·马克思（Karl Marx）和弗里德里希·恩格斯（Friedrich Engels）在1847年发表《共产党宣言》[1]，成为这次运动的大宪章，而1867年到1895年他们所发表的《资本论》，则等于是这次运动的"圣经"。他们期望社会主义首先在英国产生影响，因为英国的工业是最发达的，并且已达到集中管理的阶段，这种集中似乎是在邀请政府来管理。可惜的是他们没有足够长寿，没能惊奇地看到共产主义革命首先在俄国爆发。

为什么现代社会主义首先在俄国诞生？那里的资本主义还处于起步阶段，也没有多少大工厂需要转移到国家手中来加以控制。虽然好几个世纪以来，农民

---

[1] 马克思和恩格斯发表《共产党宣言》的时间是1848年。——译者注

都生活在贫困之中，许许多多知识分子也发表了很多反叛的著作，算是为起义铺好了道路。但是在 1861 年，农民已经摆脱了农奴身份，知识分子也已经倾向于无政府主义，这正好与交由政府管控一切的思想相反。因此，1917 年俄国革命的成功，可能是因为沙皇政府在欧战中被打败了，并因为战争和政府的低能腐败而蒙受羞辱，俄罗斯的经济已经崩溃混乱，农民携带武器从前线返回家乡，同时，托洛茨基（Trotsky）等人平安地回到俄国。俄国革命采取了共产主义的形式，是因为新政府内受混乱挑战外受他国攻击。人们的反应，是任何一个国家在遭受围攻情况下的自然反应——在秩序和安全恢复之前，可以抛开一切个人自由。这里所说的共产主义，就是指战时经济。也许是出于对战争的持续恐惧和民心思安，这个政权得以存活下来，它为一代人提供了和平。

现在俄国的社会主义，正在恢复个人主义的激励机制，以使得这个体制拥有更大的生产刺激性，并且允许她的民众拥有更多的身体上和知识上的自由。同时，资本主义借助类似于半社会主义的立法，通过了

"福利国家"的财富再分配政策,来执行限制个人所得的相关过程。马克思阐释了黑格尔的辩证法,暗示着资本主义和社会主义之间的斗争,将会以社会主义的全面获胜而结束。但是,如果黑格尔的辩证公式肯定、否定、否定之否定,适用于历史,那么工业革命是"肯定",资本主义是对封建主义的"否定",第三步是社会主义对资本主义的"否定之否定"。这种现象,在西方世界已经很明显地进行了。西方政府在经济上的作用在逐年上升,私营部门的份额在纷纷下滑。资本主义保留了私有财产制度、自由企业制度和竞争激励机制,货物产出充沛,商品供应无虞。高额的税收,压制了上层阶级,也使政府能在自我限制人口的情况下,可以为教育、卫生和娱乐方面提供前所未有的服务。面对周边资本主义的存在,社会主义则要不断增强自身发展;而对社会主义的恐惧,则迫使资本主义不断增加平等。

拉斯科洞穴的壁画是迄今已发现的史前艺术最杰出的作品之一。

湿地狩猎图

雕塑书记员

《孔子像》。孔子是中国最著名的教育家、哲学家和政治思想家,其思想影响了整个东亚文化。

公元前 387 年，柏拉图创立了系统探索哲学的学院。

亚里士多德半身像。亚里士多德的知识体系博大精深,其思想对西方文化的取向和内容具有深远影响。亚里士多德虽做过亚历山大大帝的老师,对亚历山大的影响却微不足道。

亚历山大大帝石棺上的战斗场景

罗马皇帝的禁卫军（浮雕）

君士坦丁凯旋门表现战争场面的细部

以不朽的叙述诗《神曲》享有盛誉的意大利诗人但丁

路易十二时期田园诗般的乡村生活。路易十二保护最卑贱的子民免受压迫，因而在法国国内，他很得人心，被称为"人民之父"。

古登堡向美因茨的选帝候展示活字印刷的效果。

大航海时代的葡萄牙船只

葡萄牙的印度殖民地总督、马六甲的征服者阿尔布开克

荷兰人文主义者、北方文艺复兴运动中最伟大的学者伊拉斯谟

上：尚博尔城堡是法国文艺复兴时期的别墅，共有 440 个房间。
下：枫丹白露别墅里弗兰西斯一世的画廊

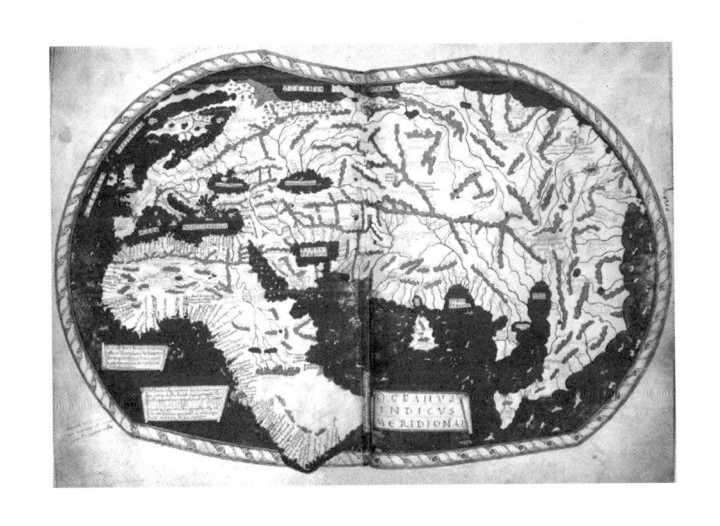

德国人马尔特鲁斯于 1489 年绘制的世界地图

上：1632年的吕岑战役，瑞典军队大获全胜，但古斯塔夫二世在率领骑兵冲锋时阵亡。

下：俄国沙皇、罗曼诺夫王朝的创始人迈克尔·罗曼诺夫在缙绅会议上。马克尔利用缙绅会议作为民众咨询机构，设法使俄国摆脱困境。

基督教国家联军对奥斯曼帝国的海战——莱潘托之战

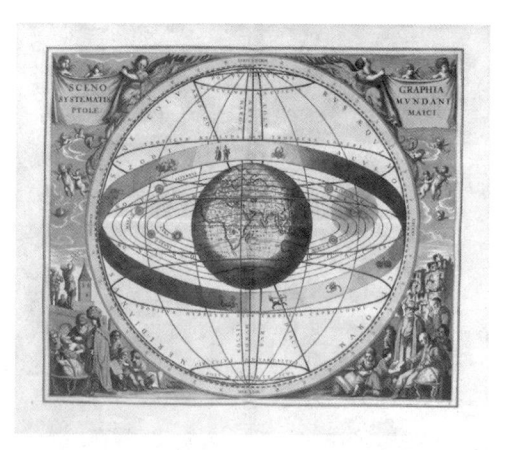

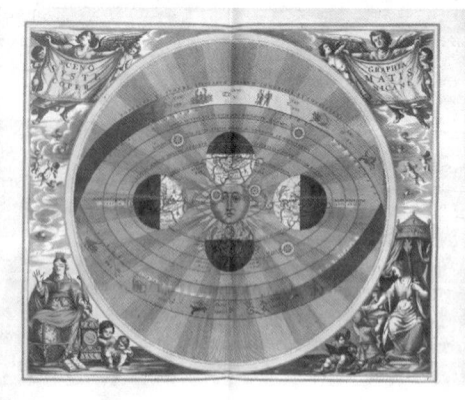

上：把地球看成是宇宙中心的托勒密体系模型
下：哥白尼的日心体系模型

荷兰人文主义者格劳秀斯发表的法学巨著《战争与和平》确定了国际法的标准。

近代哲学之父笛卡儿

伊丽莎白一世在议会主持会议。伊丽莎白以其高超的政治手腕证明她的统治并非有名无实。

英国诗人、剧作家莎士比亚

18世纪英国经验主义哲学家休谟,著有《人性论》。他把哲学设想为一门关于人性归纳的和实验的科学。

英国名噪一时的多才多艺的女作家蒙塔古夫人（又称玛丽女士），她是有名的女权论者。

巴洛克时期作曲家巴赫。事实上，去世后的约 50 年中，他的音乐一直无人问津。

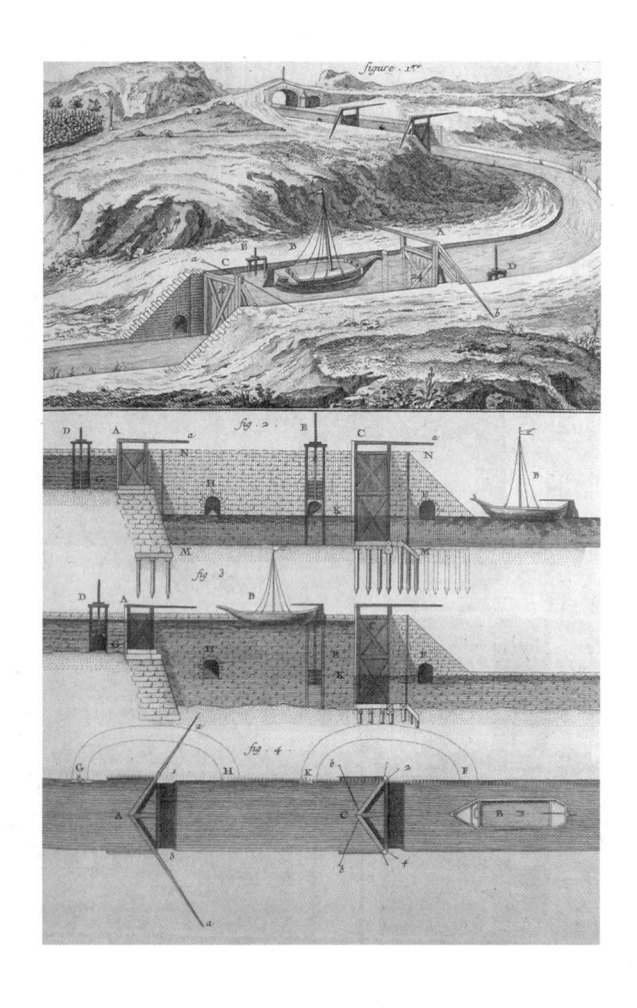

《百科全书》中描绘船闸的插图。科学的发展不仅是学术和思想方面的进展,还是科学技术甚至手艺方面的进步。

上：那不勒斯介于两座火山活动频繁区之间，东为维苏威火山，西北为弗莱雷伊平原。

下：新航线开辟后，由于缺乏进入新世界的优势，威尼斯衰落了。

七年战争中，俄国军队于1761年12月攻克港口城市和要塞科尔贝格的情景，但1762年1月俄国女皇伊丽莎白的去世挽救了腓特烈的危局。

1776年7月4日，北美大陆会议通过《独立宣言》，宣布北美英属13个殖民地脱离英国的统治。

俄国沙皇彼得三世极端亲向普鲁士，继承伊丽莎白的皇位之后，迅速与普鲁士媾和并退出七年战争。

1776年12月,华盛顿跨过德拉瓦河对特灵顿和普林斯顿发动奇袭,使国家恢复希望和勇气。

亚当·斯密是自由主义经济学的代表人物。

主张进行整治和社会改革的卢梭，影响了人民大众，启发了法国大革命的领导人，让震撼法国的革命运动烙上了浪漫主义的印记。

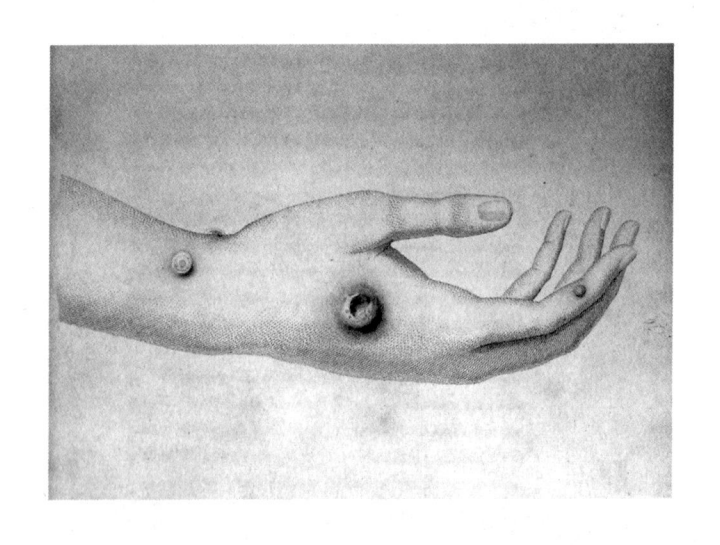

18世纪天花在欧洲地虐,导致大量人口死亡。

1798年,为了切断通向印度—英国财富的来源道路,拿破仑远征埃及,整个尼罗河三角洲被迅速踏平。

詹纳医生正在给小男孩接种。经过许多周折,牛痘接种法得到公认并传播到全世界,使天花的病死率大为下降。

1798年8月,法国舰队在尼罗河一战中被英国彻底摧毁,拿破仑被困在了埃及。为了退回法国,拿破仑进入叙利亚,但在阿卡镇为英军所阻不得不向埃及撤退。

《农神食子》（戈雅，1879—1823年）。法国入侵西班牙，将战争变成一场残暴的屠杀，使西班牙乃至全欧洲进入了历史上最痛苦、最混乱的一段黑暗时期。

第十章

政府与历史

英国诗人亚历山大·蒲柏（Alexander Pope）认为，只有傻瓜才会对政府的组成形式提出异议。历史对所有的形式都给予赞美，对政府而言也是如此。因为人类热爱自由，而在一个社会里，个人自由是需要某些行为规范约束的，所以约束是自由的基本条件；绝对自由没有存在的空间。因此，政府的首要工作，就是建立秩序；权力在私人手中具有不计其数又不可估量的破坏性，采取中央集权制度乃是唯一选择。权力当然要集中于中央，因为如果这种力量遭到分割、削弱或者分散，它就无法行之有效,就像当年波兰议会采取的"自由否决制"一样。

因此，法国和德国的君主政体，在黎塞留（Richelieu）和俾斯麦（Bismarck）主政下，虽然一直遭到封建贵族无休止的抗议，但却得到历史学家的赞扬。在美国，联邦政府的权力也以同样的程序日渐集中；当州与州之间的界限被经济发展忽视时，谈"州的权利"是没有用的，这时只能通过一些中央机构对其进行管制。当今，国际政府组织也在发展，就像工业、商业和金融财政无视国家的界限而采取了国际形式的发展一样。

君主政治似乎是最自然的政府体制，因为它就像父亲在家族中享有的权利或首领在战士中享有的权威一样，适合于团体的管理。如果我们以政府在历史上的盛行与否以及持续时间的长短，作为判断它们优劣的标准，那么我们应该给予君主制掌声；相对而言，民主制一直是其中的插曲。

罗马的民主政治，在格拉古兄弟（Gracchi）、马略（Marius）和恺撒（Caesar）的阶级战争中崩溃后，罗马帝国统治下的和平，是由奥古斯都完成的，他采取了最有效的君主统治,奥古斯都有着历史上成就最大的政治家风范。罗马帝国从公元前30年到公元180年,从大西洋到幼发拉底河,从苏格兰到黑海,都维持着整个帝国的和平。在奥古斯都之后,君主制虽然受到了卡里古拉(Caligula)[1]、尼禄(Nero)[2]和图密善(Domitian)[3]等人的败坏,但在他们之后,又出现了涅尔瓦(Nerva)[4]、图拉真(Trajan)[5]、哈德良(Hadrian)[6]、安东尼·庇护(Antoninus Pius)[7]和马可·奥勒留(Marcus Aruelius)[8]等人。勒南(Renan)曾经说,这些继承者"是世界上前所未有的,最善良和最伟大的君主继承人"[9]。吉本(Gibbon)也说:"如果让某个人找一段人类历史上最幸福和最繁荣的时期,那么他一定会毫不犹豫地说,是从涅尔瓦继承王

---

1 37—41年在位。——译者注
2 54—68年在位。——译者注
3 81—96年在位。——译者注
4 96—98年在位。——译者注
5 98—117年在位。——译者注
6 117—138年在位。——译者注
7 138—161年在位。——译者注
8 161—180年在位。——译者注
9 欧内斯特·勒南:《马可·奥勒留》,见《十二使徒》,第479页。

位开始到马可·奥勒留逝世这段时间。他们统治时期的政府,也许是历史上仅有的把谋求人民幸福作为唯一目标的政府"。[1] 在那个光辉的年代,罗马国民都称赞他们所拥有的君主制度,而这个君主制度采取的是收养制度,即:帝王不是把王权传给子孙,而是挑选能力出众的人,把他变成自己的养子,然后把他培养成对政府有益的人,并逐渐把权力交给他。这样的制度进行得很顺利,一部分是因为图拉真和哈德良都没有儿子,而安东尼·庇护的儿子在孩童时期就去世了。马可·奥勒留有个儿子叫康茂德,因为马可·奥勒留这个哲学家没有另外指定继承人,他的王位就由儿子继承了;结果很快就引起了大混乱。[2]

总之,君主制取得了算是中不溜的成绩。这个制度因为继承而引发的战争带给人类的灾难,和它因为连续性和"正统性"带来的好处一样多。当这个制度

---

[1] 爱德华·吉本:《罗马帝国衰亡史》,第1卷,第31页。
[2] 我们要补充一下,有些历史学者认为在安东尼时代,在罗马的衰落方面,正如一个不成功的"群众大会"。参见汤因比:《历史研究》,第4卷,第60页。

采取了世袭制的办法时,就会因为遗传产生出愚昧、奢侈、裙带关系、不负责任和奢靡之风,似乎远比高贵的或具有政治家风范的为多。路易十四(Louis XIV)[1]经常被视为现代君主的典范,但法国人民却因他的死亡而欢欣鼓舞。现代国家的复杂性,似乎打破了任何试图由一个人的智慧去统治全国的企图。

因此,大多数政府都是寡头政治——即是由少数人来统治,这些少数人或是在孩提时期因为出身被选中,如贵族政治;或者是被宗教组织选出来,如神权政治;抑或是因为财大气粗被选出来,如民主政治。多数人统治是不符合规律的(正如卢梭所认为的那样),因为多数人是不能够被有效地组织起来并参与行动的,但少数人却可以做到这一点。假如大多数有能力的人是被包含于人类的少数人之中,则少数人政府,就会像财富一样,不可避免地要走向集中。多数人除了定期地废掉一个少数,然后另外建立一个少数外,也没有其他更好的办法。贵族政治论坚信,贵族

---

1 1643—1715 年在位。——译者注

在生下来就有掌握政治的权利,这种凭出身而来的权利,比由财产、神学或者暴力选择都要高明。从钩心斗角而又让人精疲力竭的经济竞争中,贵族政治从中淘汰、挑选出来了一小部分人,这些人从很小的时候就通过榜样、环境、低起点工作开始,完成了自身的培养,以便将来可以为政府工作。政府的工作需要有特殊的准备才能完成,这种准备不是普通家庭或一般背景可以提供的。贵族政治不仅要教会贵族相关的政治才能,而且还要给予他们大量文化、礼仪、规范、品味教育,同时也要使得他们能够与社会时尚、艺术狂热、道德规范的神经质善变构建起安全防火网络。看一看法国革命之后,道德、礼仪、风格和艺术都发生什么吧。

贵族政治鼓励、支持并且控制艺术,但是他们很少能够创造艺术。贵族蔑视艺术家,把艺术家视为匠人。他们喜欢艺术化的生活,甚至是生活化的艺术,但是从来都不会亲自去从事艺术创作,而天才是需要亲自动手的。他们也很少进行文学创作,因为他们认为发表作品是为了推销或者出风头,与市侩行为别无二致。这种现象所导致的结果是，现代贵族政治制度催生了轻率而又浅薄的享乐主义者。他们的一生都在享受度假，逍遥自在，却往往忽视任何责任。由于贵族的腐朽，他们夹在"朕即国家"与"我死后哪管洪水滔天"之间，只存在三代的时间[1]。

因此，当贵族专权垄断、自私自利和压迫人民的时候，当贵族盲地借助祖宗之法治理国家使得国家发展迟缓的时候，当贵族把人力和资源消耗在贵族体育运动和开疆拓土的战争时，贵族政治的优点就没有被保留下来。后来，受排斥的人民在激烈的反抗斗争中团结了起来。新的富人阶级与穷人联合起来对抗墨守成规的贵族，断头台上砍下数千贵族的头颅，于是，民主政治开始取代了这种人类历史上的恶政。

历史会替革命辩护吗？这是一个争论已久的话题，路德（Luther）勇敢地与天主教教会决裂，而伊拉斯谟（Erasmus）则希望有耐心和有秩序的改革；

---

[1] 约90年。——译者注

查尔斯·詹姆斯·福克斯（Charles James Fox）[1]支持法国大革命，而埃德蒙·伯克（Edmund Burke）[2]则为"惯例性"与延续性提供辩护。有些时候，就像1917年的俄国，顽固腐朽的制度似乎需要暴力去瓦解。但大部分时候，革命来自经济发展逐步引发的逼迫。显然，有时候不必通过暴力革命，用改革的方法也可以达到目的。在英语世界，美国没有经历任何革命也达到了统治目的。法国大革命时期，控制了金融的商人阶级作为主要力量，取代了拥有土地的贵族。但同样的情况发生在19世纪的英国，却没有经历过流血牺牲，甚至都没有打扰到民众的日常安宁。与过去大幅度的决裂突变，会招致愚蠢的行为，接着可能就是突然的横祸和破坏。因为个人的明智，来自他记忆的连续不断；团体的明智，也需要其传统的持续。在任何情况下，记忆链条一断，就会招致疯狂的反应，就像是1792年的巴黎九月大

---

[1] 查尔斯·詹姆斯·福克斯：1749—1806年，英国辉格党人、政治家。——译者注
[2] 埃德蒙·伯克：1729—1797年，爱尔兰政治家。——译者注

屠杀一样。[1]

由于财富是一种秩序、生产和交换的过程,而不是货物囤积(而且大部分都不能长久保存),是一种个人或机构的信托("信用制度"),而不是纸币或支票。因此,暴力革命对财富所做的再分配,并不会多过对财富的损坏。暴力可能会对土地进行再分配,但是随着经济发展的不平衡,人与人之间的经济上某种不平等,很快就会产生。所以,有人认为:某种真正的革命,是来自对心灵的启蒙和个性的提升;某种真正的人的解放,是对个人能量的释放;某种真正的英雄,是哲学家和圣人。

按照民主政治的严格定义来讲,它只存在于现代,因为其绝大部分内涵都产生于法国大革命之后。在美国,男性公民的选举权开始于安德鲁·杰克逊(Andrew Jackson)的执政时期,正如成人(包括女性)投票权开始于我们的青年时代一样。在古老的

---

[1] 参阅泰纳在《法国大革命》(纽约,1931年)一书中,令人印象深刻的描述。见该书,第2卷,第209—233页。

阿提卡，31.5万人口中，有11.5万是奴隶，只有4.3万是公民，他们才有选举权。妇女和绝大部分工人、店员和商人，以及所有的外国人，都没有公民投票权。[1]这些少数公民又被分为两派：一是寡头政治派，他们是拥有土地的贵族和上层资产阶级；另一是民主政治派，包括小地主和小商人，以及已经降为从事体力劳动但享有公民权的劳工。在伯里克利时期（Pericles，公元前460—前430年），贵族政治盛行，雅典在文学、戏剧和艺术方面有着至高无上的地位。伯里克利去世后，由于在伯罗奔尼撒战争（Peloponnesian War，公元前431—前402年）中遭到失败，贵族政治的地位遂被削弱。民众，或者说是下等公民，开始掌握政权，他们大多为苏格拉底（Socrates）和柏拉图(Plato)所鄙夷。从梭伦（Solon）开始，直到罗马征服希腊（公元前146年），寡头政治的执政者和民主党人，开展了全方位的对立和冲突，采取的手段

---

[1] A. W. 戈姆：《公元前5世纪到公元前4世纪的雅典人口》，第21、26、47页；杜兰特：《希腊的生活》，第254页。

包括书籍、戏剧、演说、投票、陶片放逐[1]、暗杀和内战。在公元前427年的科西拉岛［Corcyra，现名科孚岛（Corfu）］，寡头政治执政者暗杀了60多个民主党派的头目。此后，民主政治又推翻了寡头政治集团。在公共安全委员会成立前期，50名寡头政治执政者被处死，后来又有上百名寡头政治贵族饿死在监狱里。修昔底德（Thucydides）的描述，让我们想起了1792年到1793年的巴黎。他说：

> 在整整7天的时间里，科林斯人都在屠杀那些本是他们的同胞，却被他们视为敌人的公民……到处都是不同形状的尸体，在那个时候，暴力充斥着整个城市。儿子被父亲杀死者有之，祈祷者从祭坛上被拖走或在祭坛上被砍杀者有之……革命从一个城市传到另外一个城市，后面的城市还会打听前面那个城市发生了什么，然后就会发生更残忍的事情……贵族更残忍地进行报复……科林斯人成为这些罪行最好的例子……政府

---

1 陶片流放：是公元前5世纪雅典等希腊城邦所实施的一项独特的政治制度，由公民投票决定当年放逐的人选，放逐期限为10年。——译者注

在战争中勒索财产（平民从来没有得到过平等的待遇，得到的只有来自统治者的暴力）……他们的同情很快被无情和残暴所代替……在此期间，（交战中）保持中立的公民，变得麻木了……整个希腊变得动荡不安。[1]

在《理想国》一书中，苏格拉底作为柏拉图的代言人，谴责了雅典人民政治的胜利。民主已经成为一种混沌的暴力，它使文化颓废，道德堕落。其中说到：

民主政治对自制加以轻蔑，认为这是一种怯懦……傲慢，被他们称之为有教养；无政府状态，被他们称之为自由；废物，被他们称之为辉煌；厚颜无耻，被他们称之为有胆有识……父亲要降低到和儿子相等的地位并且怕他们，而儿子和他们的父亲平起平坐，丝毫也不害怕他们的父母……老师害怕他们的学生，还要哄着他们，学生轻视他们的师长……老年人不喜欢被看成是古

---

[1] 修昔底德：《伯罗奔尼撒战争史》，第3节，第10页；杜兰特：《希腊的生活》，第284页。

板和霸道，因此他们模仿年轻人……我们尤其不能忘记的是，男女之间也有着平等的关系和自由……民众对权威已经很不耐烦了，只要稍加约束就会大发雷霆……他们对成文的和不成文的法律感到不能忍受，长期地漫无法纪……由这种情况产生的独裁（政权）开始代替公平和正义……任何事物极端的扩大，都会导致相反的结果……民主慢慢地变为独裁，大多残暴好斗的政权和奴役，都是在绝对自由政体下产生的。[1]

在柏拉图去世的时候（公元前347年），他对雅典民主政治的批判已经开始得到历史的承认。雅典人重新获得了财富，但这个时候的财富乃是商业资财，而不再是土地，工业家、商人和银行家爬到了财富再积累的顶端。这个变化使得人们对金钱产生了狂热的追求，希腊人称之为贪婪狂——胃口愈来愈大。暴发户建立了华而不实的豪宅，把其妻子用名贵的礼服和珠宝装饰起来，成打的用人服侍着她们，她们用宴会

---

[1] 柏拉图：《对话录·理想国》，第560—564页。

款待客人，争奇斗艳，彼此攀比。贫富间的差距越来越大。就像柏拉图所说的那样，雅典人被分化成"两个城市……一个是穷人的城市，一个是富人的城市，此城市与彼城市之间互相竞争着"。[1]穷人计划通过立法、缴税和改革的方式，来掠夺富人的财富；而富人为了保护自己的财富，也组织在一起共同对抗穷人。亚里士多德说，一些寡头政治的政府官员竟然庄严宣誓："我将是人民（比如平民）的敌人，我将在议会中干尽所有的坏事。"[2]伊索克拉底（Isocrates）则在公元前366年说："有钱人真不合群，那些有钱人宁愿把他们的财产扔到大海里，也不愿意拿出来分给那些需要的人。同时，那些穷人，又觉得抢走富人的财产，比发现一个宝藏还要开心。"[3]较为贫穷的公民如果获得了议会的控制权，就会投票对财富进行再分配，试图把富人的财产放进国库，然后以政府性的事业或政府补贴的方式，重新分配给人民。政治家则发挥他们的才智，为财政开辟新的税收来源。一些城市

---

[1] 同前，第422页。
[2] 亚里士多德：《政治学》，第1310页。
[3] 伊索克拉底：《作品集·阿希达穆斯》，第67页。

用更直接的方式来分散财富：米蒂利尼（Mytilene）的债务人，将他们的债权人集体屠杀。阿格斯（Argos）的民主党人，攻击富人，并杀死数百人，没收了他们的财产。希腊城邦有钱的家族秘密联盟，相互帮助，以抵制反抗。中产阶级和富人一样，因为忌妒权力而开始不信任民主政治。穷人因为财富不均带来不公平选举，也不信任民主政治。希腊的阶级斗争越演越烈，最终当马其顿腓力二世（Philip of Macedon）[1]突然袭击时，希腊内部和外部都呈现出分裂的状态。许多有钱的希腊人，相比改革，他们宁愿欢迎腓力二世的到来。雅典民主政治在马其顿的专政下，消失了。[2]

柏拉图试图把政治演进归纳为君主政治、贵族政治、民主政治和独裁政治，这在罗马历史中找到了又一例证。在公元前3世纪到公元前2世纪的时候，在耶稣基督诞生之前，罗马在寡头政治制度下，制定了一个外交政策，训练军队，并征服和开拓了地中海世界。通过战争得到的财富，都被贵族收入囊中，商业

---

[1] 公元前359—前336年在位。——译者注
[2] 这一段是从《希腊的生活》一书中摘抄的，见该书，第464—466页。

贸易的发展又使得中产阶级变成富豪。被征服的希腊人、东方人和非洲人，被带到意大利的大庄园做农奴。当地的农民失去了土地，无家可归，无处安歇，沦为城市的无产阶级，只好接受小格拉古（Caius Gracchus）在公元前123年开始为穷人发放的救济金。将军和总督为自己和统治阶级运来掠夺的战利品；百万富翁成倍增加；上亿的金钱换成了土地，土地则成为政治斗争的资源或工具；敌对派系为了竞争，大规模拉拢候选人和选票。公元前53年，有一个投票团体为支持某候选人而接受了上百万的塞思特斯（Sesterces）。[1]当金钱不起作用时，谋杀就出现了：投错选票的公民被打得半死，他们的房子也会被人放火烧掉。古代人很难理解，为什么会有这样富有、强大而又腐败不堪的政府。[2]贵族忙于利用庞培来保持他们的优势权益。平民和恺撒同甘共苦。战场的判决取代了胜利的拍卖。恺撒取得胜利，并建立了他的专政。贵族杀死了恺撒，但最终又接受了他的侄孙和继子奥古斯都（Augustus）的独裁（公元前27年）。

---

1 古代罗马的货币名。——译者注
2 同前。

民主政治结束，君主政体复活，柏拉图的方向盘，转了整整一圈。

我们也许能够从这些经典的例子中看出，古代民主政治是被奴隶制度、唯利是图和战争不断侵蚀着，根本配不上"民主政治"的字眼，政府也没有公正可言。相反，美国的民主政治则有着深厚的根基，它开始时是受益于英国留给它的遗产：自《大宪章》以降，《盎格鲁-撒克逊法典》就一直保护了公民不受自治州的侵犯；新教徒则开拓了宗教自由。美国革命不仅仅是殖民地居民对抗遥远的政府，同时也是土著中产阶级对抗外来贵族的阶级斗争。因为有大量的无主土地，法律条文又极其少见，起义变得轻而易举。拥有土地的人民自己耕耘，改善居住条件，有了一定的经济基础，从而开始寻求政治自由。他们的特征和个性都扎根于土地。就是这些人使杰斐逊当上了总统——像伏尔泰一样的怀疑论者，也是像卢梭一样的革命论者。一个管理最少的政府，最适宜于那些精力旺盛的个人，所以北美民众把美国从一片荒地改造成了物质富裕的国家，从西方欧洲的殖民地变成了他们的对手和保护人。城乡隔离促进了民主自由,两面环海的国家孤立促进了领海安全。这些及其他上百种因素,才使得美国拥有了更基本也更普适的政治制度,这在历史上很少有过。

这些形式上的条件,很多已经消失了。个人的独立已经随着城市的成长而发生变化,工人需要依赖于不属于自己的工具和资本,以及那些非他们所能掌控的条件。战争越来越烧钱,个人无法了解战争的原因,也无从逃避战争的影响。自由无主的土地正在消失,虽然房屋私有制还在延续——这是最低程度的土地私有制。从前那些可以由自己打理小店的人,现在已经成为大经销商的劳工,这正是马克思反复强调的情形,一切都被套上枷锁。经济的自由,即使是在中产阶级中,也越来越成为个案,人们只好用政治上还算是自由的话来安慰自己。所有这些现象的到来(就像我们在血气方刚的青年时代所认为的那样),都不是因为富人邪恶,而是由于非人力所能控制的经济发展的结果,也可以说是由于人性。在错综复杂的经济关系中,每一种进步,都是对才能优异者的额外奖赏,从而也会加剧财富、责任和政治权力的集中。

民主政治在所有政府形式中是最困难的，因为它需要最大限度地运用聪明才智，而当我们掌权之后，我们又往往忘了自身也需要聪明才智。教育是普及了，但是个人的智力还是受到多数蠢人的阻滞而发展迟缓。一位犬儒学者说过："你没必要崇拜无知，因为无知者实在太多了。"然而，无知也不可能被永远推崇，因为无知也会被那些制造舆论的力量所操纵。林肯说过："你不可能一直欺骗所有人。"这或许是对的，但是你却可以愚弄足够多的人，以便治理一个大国。

民主政治对当前艺术的堕落有没有责任呢？当然，说堕落是可以被质问的，因为这是主观判断的问题。但是我们一想到艺术的表现太过偏激，心里就会感到不寒而栗——五颜六色无意义的涂鸦，破布烂纸的拼贴，鬼哭狼嚎的电视音乐——显然，我们不敢尝试，自我封闭于过去。这些毫无意义的创作，并不是要吸引公众的共鸣——一般人也把他们视为狂人、废物或骗子——而是要引起很容易就上当受骗的中产阶级购买者的共鸣，这些人被拍卖商催眠，又被新鲜事物所震颤，最后艺术才变得畸形了。民主政治对这些颓废的作品是有责任的，但也只是意味着民主政治没有能够改变统治者的欣赏水平和品味，而贵族政治时代的艺术家则是在明智地交流，他们受到生活的启发，在和谐有秩序的整体中，通过创作来体现幻想和个人主义。如果艺术在奇形怪状中迷失自我，这不仅是由于艺术已经被大量庸俗的建议所影响，而且也是由于艺术表现形式可能已经被古老的学院派用尽了。新人只好在新的模式、风格、规则和制度上面，进行研究探索。

总而言之，民主政治比任何其他形式的政治都要好，它的害处较少而优点较多，给人民带来的是热情、友善，而不是陷阱和瑕疵。它给了人们思想、科学、事业以自由，这些都是它得以运作和成长必不可少的。它推倒了特权和阶级的城墙，因此在每个时代的民主制度中，它都从不同的阶层和地区，选拔出一些出类拔萃的人物。在民主政治的刺激下，雅典和罗马成为历史上最有创造力的城市，而美国存在的200年里，也为大部分民众提供了空前丰厚的财富。民主政治目前专注于发展教育和公共健康。如果教育机会的平等能够建立起来，民主政治将会是真实和公平的。因为在民主政治的口号之下，它的真实性像它所标榜的那样：虽然人们不能做到生而平等，但是他们通过接受教育，会获得机会上的平等。民众没有权利去干涉政府，但他们有选择每一种生活方式的权利，这种选择也可以检验一个人是否适合来做官或者执政。这种权利不是来自上帝的恩赐，而是每个人都应该拥有的有益于集体的特权。

在英国和美国，在丹麦、挪威和瑞典，在瑞士和加拿大，这些国家的政治力量用勇气和能力来保卫自己，抵御外国独裁专政的攻击，而且对内也不会让独裁政治出现。但是，假如战争继续吸引它、支配它，或者为了统治世界的目的而建立起庞大的军力，拨付巨额的军费预算，则民主政治的各项自由，可能会一个个地向武器和冲突投降。假如政治的辩论变为盲目的仇恨，那么互相敌对阵营的这边或者那边，可能就会以武力来取代竞选。如果我们的自由经济，不能像其创造的财富那样有效地分配财富，则独裁统治将会向每个人敞开大门，只要这个人能够做到说服大众，并保证他们的安全。一个尚武的政府，无论用什么动听的口号，都足以吞噬整个民主世界。

第十一章

历史与战争

战争是历史上司空见惯的事,不会随着文明与民主的发展而减少。在过去有历史记录的3421年中,只有268年没有发生过战争。我们得承认,战争现在是人类物种中竞争和自然选择的终极形式。赫拉克利特(Heracleitus)说:"战争是最后的方式。"战争或者竞争,是观念、发明、制度和政府强有力的保障,是万物之父。和平只是一种不稳定的平衡,这种平衡只能由众所周知的超级霸权或者由平等的势力来维持。

战争的原因与个人之间竞争的原因完全一样,比如贪婪、争强好胜、骄傲,以及对食物、土地、资源、燃料与对霸主地位的渴望。国家有像我们一样的本能冲动，却缺少像我们一样的自我约束。因为国家对人民生命、财产和合法权益有基本的保护职责，所以个人的约束是靠道德和法律的力量，彼此都同意用协商的办法来代替争斗。而国家本身是公认不会受到任何约束的，这或者是因为它太过强大，可以不理会任何违背其意志的干预；或者是因为没有超级大国为它提供基本保护，也没有国际法和国际道德标准对其进行有效约束。

就个人而言，骄傲使人们在生活的竞争中格外有力；就国家而言，民族主义也会使其在外交与战争中有额外力量。当欧洲国家从罗马教廷的统治与保护下解脱后，每一个国家都提倡民族主义，使其成为海陆军的补充力量。如果国家预见到与某个国家的冲突在所难免时，它就会煽动其人民敌视那个国家，并且制造口号，把仇恨推到最高点。与此同时，它又强调自己是多么爱好和平。

这种导致国家恐惧的精神动员只有在最重要的冲

突中才会出现。在欧洲，从16世纪的宗教战争到法国大革命，这种制度在欧洲都没有使用过。在上述战争期间，冲突国家的人民是被允许互相尊重各自的成果与文明。当法国与英国开战的时候，英国人也能在法国安全地旅行；当法王与腓特烈一世（Frederick the Great）在"七年战争"中的开战时期，也不影响他们互相仰慕对方。在17世纪和18世纪，战争是贵族之间的竞争，与人民无关。但是到了20世纪，随着信息、交通、武器和交战方式的进步，战争已经成为人民战争，平民也像战士一样被卷入其中，为了赢得胜利，还需要以大批的财产与生命为代价。一场战争能使几个世纪以来建设的城市、创造的艺术、正在进步的文明习惯化为乌有。在今天的战争中，唯一可以稍感自慰的，就是战争促进了科学与技术的进步，也就是那些致命的发明。如果牢记这些致命的发明给人类造成的普遍贫困与野蛮恶果，也许会有助于人类在未来的和平时期推动物质进步。

在每一个时代里，将军与统治者［像阿育王（Ashoka）和奥古斯都（Augustus）那样的人，都是极为罕见的例外]都嘲笑哲学家怯懦厌战。在历史的军事解释中（军事史观），战争是最后的仲裁者，除非是懦夫和傻子，这一点已被几乎所有的人所接受，并且认为是自然而又必然的。但是在图尔，查理·马特（Charles Martel）[1]取得过胜利，还有什么能阻止法国和西班牙变成穆罕默德的子民呢？如果我们没有用武力自卫，以对抗蒙古和鞑靼人的入侵，我们的古典遗产又会变成什么样子呢？我们嘲笑寿终正寝的将军（忘记他们活着比死去会更有价值），但是当他们击退希特勒或成吉思汗的时候，我们就为他们建起塑像。一位将军说，许多年轻人死于战争是令人怜悯的，但是更多人却是死于车祸而非战争，而且由于缺乏自律，他们中的许多人都任意挥霍与大肆堕落；他们需要找到一个发泄口，以便能够让他们的好战、冒险与对平淡无奇生活的厌倦得到发泄。如果他们迟早都要死，为什么不让他们带着战争的麻醉和荣耀的幻想，为祖国而死呢？即便是一个哲学家，在他了解历史后，也会承认长时期的和平也许会重重削弱一个

---

[1] 查理·马特：688—741年，加洛林王朝的实际创立者。——译者注

民族的尚武基因。目前，由于国际法和国际协议的不完美，一个民族必须准备随时要保护自己；当国家的重大利益受到侵犯时，这个国家就会被允许使用任何它认为是必要的手段以求得生存。

很显然（这位将军继续说），英国在19世纪履行了非常好的职责——保护西方文明免受外部势力威胁。一些新兴国家，用老式的高出生率与新式的武器武装自己，一再表明要摧毁旧世界国家的经济与独立。新兴国家渴望通过工业革命来获得经济的繁荣与军力的壮大，他们对苏联在政府管制下迅速工业化的过程印象深刻。也许西方资本主义国家有时可能会有更高的生产力，但是发展速度似乎较慢；一些新的执政者热衷于控制国家的资源与命脉，利用对政党政治的宣传、渗透与对民主政治的颠覆来实现他们的目标。想象一下日本、菲律宾、印度以及意大利强有力的政党组织；也可以想象得到，意大利某一政党的胜利，肯定会影响到法国的政治运动。美国它会接受这种未来的图景而视为不可避免吗？它应该收缩自己的防线，任由自身受到敌意国家的包围，控制住它的货物与市场进出口的通道吗？而且像任何束手待毙的人一样，模仿它的敌人建立起新式政府，任由恐怖的乌云笼罩在原来充满活力的生活上空吗？美国的领导人，是只应该考虑现在享乐主义的一代人，回避这一重大问题呢，还是也应该考虑到，未来美国人民会怎样希望这些领导人去做什么样的事情？为什么不立即去抵抗敌人？哪怕是献出十万美国士兵的生命或者百万非战斗人员的生命，只要是能换来美国人民的安全与自由，能让人民按自己的方式自由地生活，那么这一切付出都是值得的。这难道不是与历史教训完全一致的、有远见的政策吗？

哲学家回答道：是的，可是这样一来，敌人也会相应地加倍作战争动员，扩充军事力量，而且还可能会使用破坏力空前的武器，从历史上来看，这势必会带来一场浩劫。有些东西比历史更伟大。某地、某时，在一定的历史条件下，从人道主义的立场出发，我们必须挑战千年以来罪恶的先例[1]。要敢于采用立国的金

---

[1] 这里是指"以战止战"。——译者注

科玉律，就像佛教之王阿育王在公元前262年所做的那样,[1] 或者至少也要像奥古斯都在公元9年时所做的那样，吩咐大将提比略停止对日耳曼德国做进一步侵略。[2] 无论我们需要付出什么样的代价，我们也不应该在中国境内制造上百个广岛那样的悲剧。[3] 埃德蒙·伯克说过："政治上的宽宏大量是最为明智的，一个伟大的帝国与心胸狭隘的小人物结合在一起就糟了。"[4] 假想一下，一位美国总统对另一国家的领导人这样说：

> 假如我们一定要按历史的常规来办事，那我们就必须与你们开战，因为我们恐惧你们会在下一代人身上这么干。或者我们是否应该继续1815年神圣同盟的可怕先例，把我们的财富与我们最可爱的年轻人送去镇压任何地区反对现有秩序的暴乱？但是，我们愿意尝试一种新的途径。我们

---

[1] 杜兰特：《东方的遗产》，第446页。
[2] 杜兰特：《恺撒和基督》，第218页。
[3] 指向中国投放原子弹。——译者注
[4] 弗雷德里克·西博姆：《约翰逊时代》，第13章。

会尊重你们的人民与你们的文明,把它们当成是历史中最富有创造性的。我们要想法理解你们的感情,以及了解你们要发展自己的制度并希望不受攻击的渴望。我们必须不让彼此间的恐惧将我们推向战争的深渊,因为我们的和你们的武器杀伤力惊人,会将历史带入无法预料的境遇。为了调和我们之间的分歧,我们打算派代表参加一项持久的会议,终止敌对与颠覆行为,裁减武器装备。在境外,无论在何处,我们也许会发现自己为了忠诚的人民而与你竞争,但是我们愿意交出一份公平而合理的答卷。让我们互相敞开心扉,组织文化团体交流,以此增进彼此间的尊重与了解。我们不担心你们的经济制度会取代我们的,你们也不需要担心我们的要取代你们的;我们相信,每一种制度都会吸收另一种制度的长处,在共同的合作与和平中存在。也许我们每个国家,在持有适当的自卫能力之后,也能够与其他国家签订互不侵略与互不颠覆的公约,通过这些公约,就能重建世界秩序,在其中的每个国家都会保持主权独立。这种主权与独立,除了志愿签署的协议外，不受其他条款的约束。我们希望你们不计前嫌，与我们联合，这样我们国家之间，就可以加强礼仪与文明方面的联系。我们在全人类面前宣誓，将会带着全部的真诚与信任从事这项事业。如果我们在这场历史的博弈中输了，其结果也不会比继续执行传统的对抗政策更坏。但是如果你们和我们成功了，则我们将会为后世留下一份伟大的功业，值得人类永志不忘。

很多人会对此嗤之以鼻。可能有人会说："你已经忘记了所有的历史教训，你也忘了你所描述的人类本性。一些基本的冲突太过重要，不可能用谈判来解决；而且在被延长的谈判期间（如果历史可以是我们的指南），毁灭仍会继续前行。世界秩序的未来，不能仅凭一纸君子协定，而是要由一次决定性的胜利所取得。这个胜利者就是强国，它能够指挥国际法，又能强制执行国际法，就像从奥古斯都到奥勒留期间罗马的所作所为一样。所有你说的那种广泛的和平，是非自然的、异常的；它会很快被军事力量均势的改变而告终结。你已经告诉过我们，人类是竞争性的动物，而国家也一定像人类一样。国与国之间的基本合作,是需要满足一定条件时才会实现。也许我们现在正在朝着更高层次的竞争迈进;我们也许会与其他恒星与行星上的野心勃勃的物种接触;不久,可能就会有星球大战。那时,而且只有在那时,地球上的我们,才能成为一家人。"

第十二章

增长与衰退

我们曾经把文明界定为"促进文化创造的社会秩序"[1]。政治秩序依靠习俗、道德和法律保护而得以稳定,经济秩序则依靠连续性的生产和交换保护而得以稳定。文化的创造则是为了表达的便利,从观念、文学、礼仪和艺术开始形成的。文明是错综复杂却又很不稳定的人际关系网络,建立起来很辛苦,摧毁则很容易。

为什么历史上到处都是文明被毁灭的遗迹?难道

---

1 杜兰特:《东方的遗产》,第1页。

是像雪莱（Shelley）[1]在《奥西曼达斯》(*Ozymandias*)中告诉我们的一样，死亡是万物的定数？在历史的成长与衰亡过程中，是否有任何规律可循，能使我们得以由过去存在的文明进程预测属于我们自己的未来？

有些想象力十足的人就是这样在思考，甚至还精细地预测着未来世界。在《第四田园诗》里，维吉尔（Virgil）[2]宣告，总有一天，整个宇宙会和那些已经被人遗忘的古代文明一样，会因为天灾人祸而将人们变革的才能消耗殆尽，之后，那些过去发生的情况将会一再重演，使我们的结局命中注定，劫数难逃。那个时候将会是这样的情形：

会有另一个先知提费斯（Tiphys），

---

1 珀西·比希·雪莱：1792—1822年，英国著名浪漫主义诗人，被认为是历史上最出色的英语诗人之一。——译者注
2 维吉尔：公元前70—前19年，罗马最伟大的诗人。曾在但丁的《神曲》中出场，担任带领但丁穿过地狱、炼狱，然后把他交给当年但丁单相思暗恋的情人贝阿特丽切的灵魂，带他游历天堂，一直见到上帝。——译者注

也会有另一艘神船阿耳戈（Argo）

载来受人爱戴的英雄；

又将会有另一场战争，

伟大的阿喀琉斯（Achilles）将会再次送回特洛伊。[1]

弗雷德里希·尼采（Friedrich Nietzsche）因为相信人类厄运的"永恒循环"而发了疯。在常人眼里，这实在是太愚蠢了，不过悲剧却在哲学家那里发生了。

历史虽一再重演，但只是大略如此。我们也许会合理地推测，在未来就像在过去那样，会有一些新生国家兴起，而一些古老国家衰亡；会有一些新的文明伴随着畜牧业和农业开始，随着商业和工业扩大，进入到奢侈腐化的阶段。思想，就像维科（Vico）[2]

---

[1] 杜兰特：《哲学的大厦》，第355页；汤因比：《历史研究》，第4卷，第27页。
[2] 维科：1668—1744年，意大利政治哲学家。——译者注

和孔德（Comte）[1]所争论的那样，一般而言都会历经神话的、传说的和自然主义的诠释过程；新的理论、发明、发现和谬见，也将会动摇现有的知识结构；新生一代将会反抗老一代，但是会经历由反叛到适应再到复古的阶段；道德上的经验也会稀释传统，威胁到它们的受益者；对革新的狂热，将会因对时间的漫不经心而被人遗忘。历史本身之所以能大量重复，是由于人性的改变像地质条件的改变那样缓慢，在面对经常发生的状况以及像饥饿、危险和性爱一样的刺激时，总是准备用一成不变的方法去应对。但是，在高度发达和复杂的文明社会中，个人要比在原始社会时有更多的差异性和独特性，许多情形会比小说的情景还要复杂，不能仅靠直觉反应。习惯在减少，推理在扩展；结果变得更加不可预测。未来重复过去，并非是必然如此。每年都是一个冒险。

一些思想家，一直想让松散的历史规律变成不可

---

[1] 孔德：1798—1857年，法国科学哲学家、社会科学家。——译者注

动摇的定例。法国社会主义的创始人，克劳德·昂列·圣西门（Comte de Saint-Simon）[1]将过去与未来划分为"有机期"和"临界期"，两者相互交替。他说：

> 人类发展的规律……揭示了两种不同交替的社会形态：一种是有机社会，人类的一切活动是分层的，能被预见的，受一般理论限制的，社会活动的目的很清楚地被规定；另一种是临界社会，所有思想上的联盟、所有的公共活动、所有的协调都停止了，社会仅仅是通过分散个体的互相斗争集聚起来的。

> 每一种这样的情形或状况，都占有两个历史时期。一种是有机时期，在希腊时代的前期就是这样的时代，也就是我们所说的"哲学时代"，但是我们更应该公正地称之为"批判时

---

[1] 克劳德·昂列·圣西门：1760—1825年，法国哲学家、经济学家和空想社会主义者。圣西门出身贵族，曾参加法国大革命、北美独立战争。他抨击资本主义社会，致力于设计一种新的社会制度，并花掉了他的全部家产。在他所设想的社会中，人人劳动，没有不劳而获，没有剥削、没有压迫。——译者注

代"。之后新学说出现了,很快蔓延到各个方面,最终形成了超过西方文明的强大政治力量。兴建教堂开启了新的有机时代,它结束于15世纪,当宗教改革之声响起时,也就是临界的时代到来之时;直到今天,临界时代都还在持续着。

在有机时代,各种基本问题(神学的、政治的、经济的、伦理的)已经得到至少是暂时性的解决。而且通过制度保护,通过借由解决这些方案,进步得以实现,同时觉得这些方案不够完美,从而引发了新的事物。在临界时代——辩论时期、抗议时期……以及转变时期,对一些重大问题用怀疑、个人主义与漠不关心的态度取代古老的思想……在有机时代,人类忙于建设;在临界时代,人类又忙于破坏。

圣西门相信,社会主义的建立将开创一个包含统一信仰、组织、合作和安定的新有机时代。如果共产主义证实了新生活秩序的胜利,那么圣西门的分析与预测就有其合理性。[1]

奥斯瓦尔德·斯宾格勒（Oswald Spengler）[2]改变了圣西门的提法，他将历史划分成各个独立的文明，每一种文明都像四季循环一样，有着独特的生命过程与轨迹，不过，它主要包括两个时期：一个是向心的时期，在这个时期，所有各个方面，都结合成一个具有凝聚力的社会组织，这种社会组织能把一种文化组成统一的、连贯的艺术形式；另一个时期是离心的时期，在这个时期，存在具有离心力的非社会组织，在非社会组织中，法令与文化失效了，在四分五裂与批评中，在个人主义、怀疑主义与艺术创作的混乱中，文明结束了。尽管圣西门期望社会主义成为新的综合体，斯宾格勒却像塔列朗（Talleyrand）[3]一样，怀念

---

1 转引自汤因比：《历史研究》，第1卷，第199页。
2 奥斯瓦尔德·斯宾格勒：1880—1936年，先后曾就读于哈雷、慕尼黑、柏林等大学，博士毕业后在中学任教，后专事学术研究和私人写作。主要著作包括《西方的没落》《普鲁士的精神与社会主义》《人与技术》等。——译者注
3 塔列朗：1754—1838年，法国改革家，公制与十进位制的提倡者。——译者注

贵族政治，认为在那个时代，生活与思想都是连续的、有秩序的，而且创造了生动的艺术品。他说：

> 西方文明有其特征，差不多有1800年之久了——一方面，从野蛮的孩提时代到歌德和拿破仑时代，一次重要的进化未被打断，从其内部生长并形成了丰富而安全的生命；另一方面，在知识分子的塑造之下，我们的大都市存在着迈入中年的、虚伪的、无根的生命……他不去理解历史，因为他不明白,这种结果是必然的和不可改变的。[1]

所有人都同意一点，即文明都会经历生长、繁荣、没落、消亡的过程——或者说由以前的生机勃勃变成一潭死水。那么，文明成长的原因是什么？文明消亡的原因又是什么呢？

今天不会再有学者坚持17世纪的观念，认为国家的起源乃是个人与个人之间、或者人民与统治者之

---

[1] 斯宾格勒：《西方的没落》，第1卷，第353、90、38页。

间形成的"契约"关系。也许大多数国家（指社会的政治性组织），都是由一个集团征服另一个集团，以及征服者持续使用武力加诸被征服者之上形成的；征服者的命令就是被征服者的第一部法典；这些命令再加上民族的民俗，就创造了新的社会秩序。一些拉丁美洲国家，明显地是以这种方式开始的。当统治者利用得天独厚的条件（像埃及和亚洲的河流），组织被统治者劳作时，经济上的优越条件又构成了文明的另一个基础。当思想与感情的活动超越了原始部落的日常活动，统治者与被统治者之间就可能形成一种紧张的局面。发展的进一步刺激来自改变周围环境的一切挑战，[1]如外部的入侵或是降雨的持续短缺——这种挑战可能因为军事上的改革或者建造灌溉水利系统而得到解决。

如果我们把问题向后推一推，会有这样的提问：一种挑战是否会遭到对抗，究竟是由什么决定的？答案是，这需要看当初遇到这种挑战时，是否存在着

---

[1] 这是汤因比历史研究中的最初理论，见《历史研究》，第1卷，第271页。

有主动性与创造性的个性，他们思路清晰，意志饱满（这几乎可以称得上是个天才），以及面对新的情况是否有能力做出有效的反应（这几乎可以称得上是绝顶聪明的人）。假如我们再问，怎样才能成为有创造力的个体？我们就得从心理学与生物学的历史，也就是从环境的影响和染色体的奥秘中去寻找答案。总之，如果对一种挑战对抗成功了（就像美国在1917年、1933年以及1941年的情形一样），而且胜利者又未大伤元气（就像英国在1945年的情形一样），则这个国家的地位与士气便会上升，从而使它有能力去应付更进一步的挑战。

如果这些是文明成长的源泉，那么什么又是文明衰退的原因呢？我们是否应该像斯宾格勒和其他人所设想的那样，认为每种文明都是一个有机体，自然而又神秘地被赋予成长的能力和死亡的命运？用生理学和物理学的分析来解释群体行为，以及把社会的退化归因于生命存在某些固有的内在局限，或者是内部力量不可抗拒的流失，这样的做法的确很吸引人。

这样的分析也许提供了暂时性的解释，正如我们把个体的联系与细胞的凝聚，或是银行钞票的发行与收回流通，比拟成心脏的扩张与收缩。但是，群体除了是由单个的人组成外，并不是真正具有生理作用的有机体，它没有自己的大脑和肠胃；它必须依靠其成员的大脑和神经进行思考与感知。当一个群体或是一种文明衰亡的时候，它并不是由于群体生命的神秘限制，而是由于政治领袖或思想领袖没有把握好业已变化了的机遇，在对抗变革的挑战中遭受了失败。

挑战可以有一打来源，而且可以一再重复地联合起来，提升破坏力的强度。降雨量或绿洲水源的缺少，也许会让大地从干旱变为不毛之地。土壤也许会因为不合理的耕种或者破坏性使用而被消耗殆尽。用免费的奴隶制劳工取代自由劳动力，也会降低对生产的激励，从而导致土地弃耕，城市萧条。贸易工具或贸易路线的改变——正如海洋或大气层被利用起来一样——也许会使旧的文明中心衰败，像1492年后的比萨或威尼斯就是这样。税收过高，也许就会让不景气的资本投资和生产受到打击。海外市场和原料市场的丧失，也许会让企业失去竞争力；贸易入超，也许会消耗国内储存的贵重金属。财富的集中，也许会让国家在阶级斗争或是种族战争中分裂。人口和贫穷都集中于大城市，就会迫使政府二选一：或是选择容易导致经济疲软的救济方法，或是听之任之宁愿冒着叛乱与革命的风险。

在一个社会中，由于经济的发展而产生了不平等，就会自动分化成为两个阶层，一个是少数的文化精英，一个是多数的芸芸众生；非常不幸的是，由于天生的原因或者环境的关系，导致社会无法继承或者发展出高贵典雅的文化。大众文化的发展，充当了少数精英文化的阻力；社会上的谈吐、服饰、娱乐、感情、评判的方式与自下而上传播的思想，以及大众内在的野蛮落后，就会变成精英阶层应该付出的代价，因为他们控制了大众接受教育和发展经济的机会。

随着教育的普及，神学不再权威，作为一种外在的习俗，已经不能影响人们的行为和希望。生活与理想日益世俗化，不再对超自然的解释心存敬畏。当人类的本原被揭示出来后,神圣的监督和惩罚制度被废除了,道德规范失去了光辉与力量。在古希腊,哲学家摧毁了知识阶级中的旧信仰;在近代欧洲的许多国家,哲学家也做了同样的事情。只不过是普罗泰戈拉(Protagoras)变成了伏尔泰(Voltairs),第欧根尼(Diogenes)变成了卢梭(Rousseau),德谟克利特(Democritus)变成了霍布斯(Hobbes),柏拉图(Plato)变成了康德(Kant),特拉西马库斯(Thrasymachus)变成了尼采(Nietzsche),亚里士多德(Aristotle)变成了斯宾塞(Spencer),伊壁鸠鲁(Epicurus)变成了狄德罗(Diderot)。古代与近代有相似的地方,善于分析的头脑,将支撑道德准则的宗教解体。新的宗教出现了,但是它们被迫从统治阶层中分离出来,不再为国家服务。基督教之前的最后一个世纪里,理性主义的胜利也带来了怀疑主义与享乐主义,它们都凌驾于神学之上。在基督教之后的第一个世纪,又带来了同样的胜利。

要捕捉一个道德准则和下一个道德准则之间的空隙,除了绝望地死守着一点已经残缺不全的固有准绳和约束外，简直是没有任何可能性，失去约束的一代人只能让自己迷失于酒池肉林、腐败奢靡，直视家庭和道德的混乱。不会再有人认为"为祖国献身是高尚的、荣耀的事情"。领导者的一次失败，可能就会使国家陷于瘫痪，引发内讧。在战争中，一次决定性的失败，其结果就有可能引发深重的灾难，或者是由于引来野蛮人入侵，从而引发了内部野蛮主义的抬头，两者的结合，就将一个文明引入绝境。

这是一幅令人沮丧的画面吗？不完全是。无论对个体还是国家而言，都无权要求生命永恒、长生不老。死亡是自然的，而且假如死亡来得正是时候，则死亡不仅可以得到宽恕，而且还很有用处。思想成熟的人面临死亡，也不会感到悲愤。但是文明会死吗？不完全是。希腊文明并不是真的死了，它只是外壳不再存在了，栖居地发生改变了，但其内涵却得到了延伸；希腊文明永远活在人类的记忆之中，它是如此博大精深，以至于一个人即便终其一生，也难以将其全部吸收。荷马史诗在今天的读者，要远远比他那个时代多得多。每一座图书馆和每一所大学里，都存放着希腊诗人和哲学家的著作；此时此刻，有成千上万个以哲学"为人生乐事"研究者，在钻研柏拉图，以期获得思想的领悟，扩展生命的维度。这种创造性的思想，才是真正的永垂不朽，才是真正的有益人心。

国家消亡了。旧址变得一片荒芜，或者是遭受了其他变迁。韧性十足的人，重振精神，拾起了他的工具和技艺，缅怀往事，汲取教训，继续前行。如果教育能够加深并延伸这些记忆，文明就会随着他而流传，在另外国家的某个地方，再次复兴。在新的土地上，他不需要完全重新开始，也不需要在没有朋友的帮助下独自前行；通讯和交通仍会使他和祖国联系在一起，犹如生活在有营养的胎盘里一样。罗马引进了希腊文明，并向欧洲输出；美国从欧洲文明中获益，它也会把所获益的文明，再传播出去。

文明是人类的灵魂世代相传。人的生命通过传宗接代而超越了死亡，一个有生命的文化也会超越时空、漂洋过海，将它的遗产传递给继承人。保存每一种文明,吸收它恩赐给人类的遗产,是正确的途径。通过商业与印刷、电线与电波,以及看不见的"信使",不同的国家与不同的文明已经联合在一起,它们都会保存到人类的遗产当中。

第十三章

进步是真的吗？[1]

面对国家、道德和宗教兴亡的全貌，"进步"这个词本身就是可疑的。但是，进步难道只是每一代自诩"现代"的人徒劳无益和习惯性吹嘘？从历史上来看，我们承认人类本性并没有发生实质改变，所有的技术进步都不得不仅仅视为用新方法完成旧目标——购买货物、追求异性（或者同性），在竞争中取胜，在战争中格斗，莫不如此。在我们这个幻灭的世纪里，最令人沮丧的发现之一，就是科学的中立性：它将欣然为我们做杀伤性工作，就如同它会为我们做治疗性

---

[1] 本章引用了与《哲学的大厦》有相同主题的一些段落。

工作一样。它会为我们做破坏性工作，更甚于做建设性工作。现在想来，培根的名言"知识就是力量"是多么狂妄自大啊！有时我们感到，中世纪和文艺复兴时期，人们重视神话和艺术而不是科学和权力，可能比我们今天一味重视工具而非目的的做法要更为明智。

我们在科学与技术方面的进步，不仅有好的方面，同时也有一些罪恶的痕迹。生活上的舒适与便利，可能会削弱我们身体素质与道德品质。我们无限发展交通运输方式，但是某些人可能会使用它们去犯罪、去杀害同胞，或者是杀死自己。我们两倍、三倍甚至百倍地提升运动速度，但是在这个过程中，我们丧失了行走的勇气，拥有双腿的我们每小时能够移动2000英里，但我们始终不过是穿着裤子的猴子。我们为现代医学的内外科治疗进步而喝彩，如果它并没有带来比病痛更坏的副作用的话；我们感谢医生超强度的勤勉工作，他们疯狂地与细菌的复活和新疾病进行赛跑；我们也很感谢医药科学赐给我们延年益寿，如果这种延长不是被病痛、残废与忧郁所包围的话。学习和报道世界上每天发生的事情，我们的能力比过去增加了上百倍，但有时我们又羡慕祖先平平安安的生活，他们只是偶尔被村子里的一些琐事骚扰而已。工人阶级和中产阶级的生活条件已经有了极大改善，但是我们也任由阴暗、破烂的贫民窟将城市变得更为腐朽。

我们欣喜自己从神学中解脱出来，但是我们是否发展了一种自然的道德伦理——独立于宗教之外的道德规范——使我们有足够的力量，不让自私、好斗和好色的本性破坏我们的文明，从而避免让其陷入贪婪、罪恶和淫乱的泥淖之中？我们是否真的不再狭隘，或者只是把它从宗教的对立面转变成民族、思想或种族的对立面？我们的礼仪比以前更好还是更坏了？一位19世纪的游客说，"当你从东方游历到西方，习俗是有规律性地在变坏；在亚洲是坏的，在欧洲也好不到哪里去，在美国的西部各州，则是集坏之大成"；[1] 现在是东方在模仿西方。为了保护人民不受社会与政府的侵犯，我们的法律是否对犯罪太过宽大？是不是现有的自由，已经超出了我们智力所能够承受

---

[1] 瓦尔特·巴杰特：《物理与政治》，第110页。

的程度？或者，我们道德和社会的混乱是如此不堪，以至于到了让父母震惊的程度，他们不得不跑到圣母堂，乞求他们帮着约束自己的孩子，无论付出怎样思想自由的代价？是不是自笛卡尔（Descartes）以来，由于历史不承认神话在安慰和控制人类所起的作用，而导致所有的哲学进步都是一个错误呢？"一个人越有知识就会越悲哀，知识越多，痛苦越多。"[1]

自孔子以来，哲学方面可曾有过任何进步？或者自埃斯库罗斯（Aeschylus）[2]以来，文学方面可曾有过任何进步？我们是否可以确定，我们的音乐有着复杂的形式与有力的管弦乐，是否一定比帕莱斯特里那（Palestrina）[3]的音乐更加深沉？或者比中世纪阿拉伯人用简单朴素的乐器弹奏乱敲乱唱的单调歌声，更加悦耳或激动人心？[爱德华·拉内（Edward

---

1 笛卡尔：《传道书》，第1章，第18页。
2 埃斯库罗斯：公元前525—前456年，古希腊悲剧诗人，有"悲剧之父"、"有强烈倾向的诗人"的美誉。代表作有《被缚的普罗米修斯》《阿伽门农》《善好者》（或称《复仇女神》）等。——译者注
3 帕莱斯特里那：1526—1594年，意大利作曲家。——译者注

Lane)[1]在谈到开罗的音乐家时说:"我曾被他们的歌深深吸引……比我以前享受过的任何音乐都要好。"[2]]我们的现代建筑——就其醒目、原始、创新与感人而言——与古代埃及或希腊的神庙相比又会如何呢?或者我们的雕塑,与埃及法老海夫拉(Chephren)的雕像,或者希腊信使神赫尔墨斯(Hermes)的雕像相比,又会怎样呢?或者我们的浮雕,与古波斯帝国的都城帕赛波里斯(Persepolis),或者希腊帕台农(Parthenon)神庙相比,又如何呢?再比如,我们的绘画,比起凡·艾克兄弟(van Eycks)或者霍尔拜因(Holbein)的画相比,又会怎么样?如果"秩序取代混乱,就是艺术与文明的本质"[3],那么美国与西欧的当代绘画就是以混乱替代秩序,这不是我们的文明堕落到杂乱无章的混乱结构的明显信号吗?

历史是如此丰富多彩,以至于我们随便选取一个例子,都可以从中得出结论。从一种聪明的立场选择

---

1 爱德华·拉内:1801—1876年,英国东方学者,翻译家。——译者注
2 爱德华·拉内:《现代埃及的风俗习惯》,第2卷,第66页。
3 杜兰特:《东方的遗产》,第237页。

证据，我们也许会引申出一些令人欣慰的反思。但是，也许我们首先需要明确"进步"意味着什么。如果它意味着幸福的增加，那么历史的进步就是子虚乌有。我们自寻烦恼的能力是无限的，不论我们克服了多少困难，实现了多少理想，我们也总得为现在的不幸寻找理由；我们没有办法接受这样的观点，即人类或世界是没有价值的，但这也只是自欺欺人。如果用孩子的平均身高比过去高、生活用品也比过去好作为例子，就想证明现在比过去进步，似乎是愚蠢的——因为可以确定的是，孩子总是最幸福的。有没有客观标准的定义存在呢？这里，我们想把"进步"定义为对生活环境控制能力的增加。这是一项测验，因为即使是最低等的生物，也要和人类一样适应和控制环境。

我们不能要求进步是持续不断的，或者是普遍的。很明显，正如个体的发展也会有失败期、疲劳期和休息期一样，衰退是很正常的事；如果在现阶段对环境控制方面有进展了，进步就是真实的。我们可以想象得到，几乎在历史上的任何时期，都有一些国家在进步，也有一些国家在衰退，就比如今天的苏联进步了，但英国则失去了昔日的光辉。同一个国家，也可能在人类活动的某一领域进步了，在另一个领域却衰退了，正如美国在技术领域获得了进步，但在平面艺术方面却是落后的。如果我们发现，在年轻国家中，像美国和澳大利亚，它们的有才之士都倾向于从事实用类、发明类、科学类和管理类的工作，而不是从事像画家、诗人、雕塑家或作家之类的工作，则我们就会了解，每一个时代以及每一个地区，在追求对环境的控制能力方面，是需要对重点行业加以引导的。我们不应该把某时某地的作品，拿出来和人类各个时代中被精心挑选出来的最佳作品进行比较。我们的问题是，是否平头老百姓也都普遍增强了他们控制生活条件的能力。

如果我们把眼光放长远些就会发现，现代人的生活虽然是不稳定、混乱而危机四伏的，但是与无知、暴力、迷信和疾病丛生的原始人生活相比，我们还不至于太过绝望。在高度文明的国家，也会有最底层的人民，他们和野蛮人的差别不会特别明显。但在这之上，成千上万的人已经达到很高的精神水平和道德水平,这却是原始人难以企及的。我们生活在城市之中,精神高度紧张,有时很想逃避回到文明前的淳朴生活方式之中。但是,这也只是偶尔的想入非非,我们知道这是对现实工作产生的一种逃避反应。原始的偶像崇拜跟年轻人的心情一样,也是青春期一种不能适应环境的发泄表现,是由于思想尚未成熟而引发的盲目躁动。"意气用事而又放荡不羁的野性"还是蛮可爱的,如果不是舞刀弄枪、与禽兽为伍、整天脏兮兮的话。一项对现存原始部落的研究显示,他们的婴儿死亡率很高,生命期都很短暂,体质羸弱,速度缓慢,很容易就感染疾病。[1] 如果生命的延长表明了对环境有较好的控制,那么死亡率则宣告了人类的进步,因为在最近3个世纪中,欧美白人的寿命已经延长了3倍。不久之前,殡仪从业者甚至开会讨论到,人类延缓死亡率已经对其行业构成了威胁。[2] 无疑,如果殡仪从业者叫苦连天,进步才是真的。

在古人与今人的竞争中,古人并不会占据优势。

---

1 A. J. 托德:《社会进步理论》,第135页。
2 安德烈·西格弗里德:《成年美国》,第176页。

让我们来看看：在现代国家中，饥饿已经消除了，一个国家能够生产足够多的粮食养活国民，而且还能出口动辄以百万计蒲式耳的小麦给需要的国家，我们能说这是微不足道的成就吗？我们不是正在积极地发展科学，而且已经大大减少了迷信、蒙昧与宗教的偏激吗？我们不是正在积极地推广技术，而且已经能使食物、住宅、享受、教育和休闲活动超过以往的任何时期吗？难道我们宁愿要斯巴达集会或者罗马公民大会，也不愿意要英国议会或美国国会制度吗？或者仅仅是像阿提卡人拥有一点有限的公民权就满足了，还是选择接受罗马由禁卫军来选举统治者的方式？难道我们宁愿生活在斯巴达共和国的法律或者是在罗马皇帝的统治之下，也不愿意生活在宪法带给我们的人身保护权、司法审判、宗教和知识自由以及妇女解放之下吗？我们的道德尽管已经松松垮垮了，但是真就比阿尔比亚德斯（Alcibiades）更加荒淫无度吗？我们美国有哪一位总统，能够像伯里克利那样和高等妓女生活在一起？难道我们要以著名大学、众多出版社和具有丰富馆藏的公共图书馆为羞耻吗？虽然在希腊有过许多伟大的剧作家，但是有哪一位比莎士比亚更伟大呢？难道阿里斯托芬（Aristophanes）能够像莫里哀（Molière）一样，学识渊博又道德高尚吗？德谟斯梯尼（Demosthenes）、伊索克拉底（Isocrates）和埃斯基涅斯（Aeschines）的口才，就一定比查塔姆（Chatham）、布尔克（Burke）和谢里登（Sheridan）更高一筹吗？我们能把吉本（Gibbon）排在希罗多德（Herodotus）和修昔底德（Thucydides）之后吗？在古代有哪一本小说，能从广度和深度方面，超过今天的小说呢？我们可以承认古人在艺术上的优势，但是我们可能有人更喜欢巴黎圣母院，而不是希腊帕台农神庙。如果美国的建国者能够重返美国，或者福克斯（Fox）与边沁（Bentham）返回英国，或者伏尔泰（Voltaire）和狄德罗（Diderot）返回法国，看到我们今天身在福中不知福的境况，他们难道不会斥责我们忘恩负义吗？这种幸福是过去不曾有过的——甚至在伯里克利或者奥古斯都的统治之下，也未曾出现过。

不能因为我们的文明也会像其他文明一样死亡，而让这个问题严重地困扰我们。正如波斯国王腓特烈一世（Frederick）在科林，对他吃了败仗的部下说的那样："你们会长生不老吗？"[1]我们能够想象得到，生活本来就应该有新的方式，新的文明和文明中心本身也是会移动的。与此同时，为迎接日益崛起的东方的挑战而付出的努力，也许会使西方复兴。

我们已经说过，一个伟大的文明不会彻底死亡——其人虽死，功绩犹存。一些宝贵的成果，历经国家的兴衰沉浮而一直存在着，例如：火与光的发明，车轮和其他基本工具的制造；语言、写作、艺术、歌曲；农业、家庭和父母之爱；社会组织、道德和慈善；以及传播家庭和种族经验的教学方法。这些都是组成文明的基本要素，从一个文明历经危难而传给另一个文明，被顽强地保存下来。它们连接着人类历史。

如果教育能传播文明，我们毫无疑问是处于进步之中。文明不能被继承，它必须经由学习而来，而且

---

[1] 杜兰特：《卢梭与大革命》，第 2 章，第 3 节；威廉·柯克塞：《哈布斯堡王朝的历史》，第 3 卷，第 379 页。

每代人都会推陈出新。如果传播的过程被打断一个世纪以上，文明就会死亡，我们又得重新变成野蛮人。因此当代最好的成就，就是付出了空前的财力和人力，为所有人提供了更好的教育。过去念大学是奢侈的，是为悠闲阶级的男士设计的；今天大学到处都是，只要你肯努力，就可以成为博士。虽然我们的智慧不可能都超过历代杰出天才，但是我们的知识水平与平均数量，却远远超过了历史上任何一个时代。

除了孩子外，大概不会有人抱怨，我们的老师还没有根除一万年以来的谬见和迷信。伟大的尝试才刚刚开始，它还可能被不情愿的高出生率所带来的愚昧无知打败。但是假如每个孩子都必须上学并一直学到20岁为止，而且可以随心所欲地自由进入那些收藏和提供人类智慧与艺术财富的大学、图书馆以及博物馆，那么会出现什么样的教育结果呢？不应把教育仅仅当做事实、年代和帝王将相的资料堆积，也不能仅仅当做是为了个人在社会上立足的必要准备，而是应当做对精神、道德、技术和美学遗产等尽可能充分的传承，其目的在于扩大人类的理解能力、控制能力、审美能力和享受生命的能力。

我们现在能够传承的文化遗产,要远比过去丰富。它比伯利克里时期的遗产要丰富,因为它在囊括了希腊文明的精华之后,又加上了后来的成就;它比达·芬奇时代的遗产要丰富,因为它除了拥有达·芬奇的作品之外,还拥有意大利整个文艺复兴时期的成就;它比伏尔泰时期的遗产要丰富,因为它涵盖了整个法国启蒙运动及其影响所及的成果。纵然我们有所抱怨,进步仍然是真实的,但这并不是由于我们生下来就比过去的婴儿更健康、更漂亮、更聪明,而是因为我们生来就有更丰富的文化遗产、更高层次的水准、更深厚的知识和艺术根基,这些支撑着我们人类。遗产增多了,吸收遗产的人们,收获也会相应增加。

历史超越一切,历史创造并记录了遗产;进步就是遗产的不断丰富、保存、传播和利用。对我们而言,研究历史不仅仅在于对人类的愚蠢和罪恶给以警示,也是要鼓励人类怀念过去有价值的先人。过去不是一个令人毛骨悚然的"恐怖陈列室",它已经变成了天堂的城市，在那里，有广阔的思想海洋，有无数的圣哲贤明、政治家、发明家、科学家、诗人、艺术家、音乐家，有共同爱好的人以及哲学家，他们谈笑风生，有说有笑，有教有唱，有雕有刻。历史学家不会悲伤，因为他能了解，除非是人类自己变得有意义，否则人的存在就将无意义；我们能在自己的生活中注入意义，有时这种意义的重要性会超越死亡，这会让我们引以为傲。如果一个人足够幸运，在临死之前，他会尽可能地汇集他的文明遗产，并传递给他的孩子。即便是到了弥留之际，他也会感激这取之不尽、用之不竭的遗产，因为他知道：这是滋养我们的母亲，这是我们永恒的生命。

参考书目

亚里士多德:《政治学》,人人文库。
瓦尔特·巴杰特:《物理与政治》,波士顿,1956年。
托马斯·卡特:《中国印刷术的发明及其西传》,纽约,1925年。
威廉·柯克塞:《哈布斯堡王朝的历史》,第3卷,伦敦,1847年。
威尔·杜兰特,《哲学的大厦》,纽约,1929年。
威尔·杜兰特、阿里尔·杜兰特:《文明的故事》:
   1.《东方的遗产》,纽约,1935年。
   2.《希腊的生活》,纽约,1939年。
   3.《恺撒与基督》,纽约,1944年。
   4.《信仰的时代》,纽约,1950年。
   5.《文艺复兴》,纽约,1953年。
   6.《宗教改革》,纽约,1957年。
   7.《理性开始的时代》,纽约,1961年。
   8.《路易十四时代》,纽约,1963年。
   9.《伏尔泰时代》,纽约,1965年。
   10.《卢梭与大革命》,纽约,1967年。
《不列颠百科全书》,1966年。

爱德华·吉本:《罗马帝国衰亡史》,米尔曼编辑,第6卷,纽约:诺丁汉学会,未注明出版日期。

J. A. 戈尔诺:《人类种族的不平等》,伦敦,1915年。

A. W. 戈姆:《公元前5世纪到公元前4世纪的雅典人口》,牛津,1933年。

H. H. 高恩、约瑟夫·哈尔:《中国史纲要》,纽约,1927年。

马塞尔·葛兰言:《中国文明》,纽约,1930年。

伊索克拉底:《作品集》,洛布丛书。

卡尔·考茨基:《宗教改革时期的中欧社会主义》,伦敦,1897年。

爱德华·拉内:《现代埃及的风俗习惯》,第2卷,伦敦,1846年。

朱尔斯·勒迈特:《卢梭》,纽约,1907年。

布莱士·帕斯卡:《沉思录》,人人文库。

路易斯·保罗:《还在运行的古罗马》,伦敦,1927年。

柏拉图:《对话录》,乔伊特译,第4卷,纽约:杰弗逊出版社,未注明出版日期。

普鲁塔克:《希腊罗马名人传》,第3卷,人人文库。

欧内斯特·勒南:《十二使徒》,伦敦:梅休因出版社,未注明出版日期。

——:《马可·奥勒留》,巴黎:卡尔曼—莱维出版社,未注明出版日期。

雷内·塞德诺:《历史没有意义》,巴黎,1965年。

弗雷德里克·西博姆:《约翰逊时代》,伦敦,1899年。

安德烈·西格弗里德:《成年美国》,纽约,1927年。

奥斯瓦尔德·斯宾格勒:《西方的没落》,第2卷,纽约,1927年。

修昔底德:《伯罗奔尼撒战争史》,人人文库。

A. J. 托德:《社会进步理论》,纽约,1934年。

阿诺·J. 汤因比:《历史研究》,第10卷,伦敦,1934年。